だいわ文庫

一流のお客様に学んだマインドケア

大人女子の
感情ととのえ帖

横田真由子

大和書房

はじめに

回復力をつけて、未来を変える

生きていると、毎日いろんなことがあります。

この本を手に取ってくださったあなたも、毎日、心が揺れたり、戸惑ったり、ふと将来のことが不安になったり――。そういった心の波を感じながら過ごしているのではないでしょうか。私も同じです。

この本には、そんな自分をねぎらったり、手をかけてあげたり、思いやりを持って接してほしいという思いを込めました。

私はハイブランドショップで店長として、有名人やＶＩＰのお客様の接客をしてきましたが、素敵な人ほど自分に手をかけ、慈しみ、自分を大切にしていると感じていました。

自分を愛し、大切にしているからこそ、私たち販売員に対しても思いやりに溢れ、包み込んでくれる余裕があったのです。

そんなお客様たちに憧れ、上質で豊かな人生を歩きたいと模索するうちに、キャリアカウンセラーという職業に興味を持ち、転職しました。

人生の後半戦に差しかかっていた私は、大人になっても自分にＯＫが出せずにいたのです。そんなとき、同じように悩む多くの女性たちとお会いしました。

皆、自分よりも相手の気持ちを優先する人たちでした。そしてついつい、自分のことを、いつも後回しにしていました。「私が頑張らなくちゃ」と、鶴の恩返しのように見えないところで自分の羽を抜いて、機織《はたお》りを続けているように見えました。

そんな女性たちには、

「もう羽を抜かないで。十分だよ」

「もっと自分を大切にしてね」

というメッセージを送り続けたいと思っています。知らず知らずのうちに、自分を粗末にしてほしくないのです。

忙しい毎日の中で自分のことは、どうしても後回しになりがちです。けれど、自分へのメンテナンスを怠ってしまうと、前を向く力が湧いてきません。まるで、曇った鏡で自分を見ているように、自分の良さや美しさが見つけられず、気づけば心の晴れない毎日を送っている、ということはないでしょうか？

「お疲れさま」と、自分をととのえる日常のメンテナンスは、自己肯定の魔法です。私は、ちょっとしたひと手間をかけるだけで、自分のことが今より少し好きになれると感じています。メンテナンス次第で回復力がつきますし、未来が変わります。未来を変えたいなと思ったときは、いきなり壮大なことに取りかかろうとするのではなく、自分の体と心のメンテナンスをいつもより少し丁寧にするだけでいいのです。

まずは、自分の心の水を満たすことから始めてみませんか。そうすれば、溢れ出した水で他者を満たすことだってできます。心の水がいっぱいだと、自分自身がご機嫌でハッピーなだけでなく、そのハッピーオーラが伝染して、周りの人の心も、潤すことができます。

ご機嫌な人には、運も、愛も、人も集まってきます。

この本には、そんな一流のハッピーオーラに満ちたお客様のご機嫌メソッドをまとめました。さらに、いつも頑張っているあなたがリセットできるように、さらに自分のことがもっと好きになれるようにという思いを詰め込みました。Ｐａｒｔ1からＰａｒｔ7に向かって読み進めていただくことで、自然と気持ちが上向きになってもらえるような流れを意識しました。そして特典として「感情をととのえるシート～あなたの場合～」と題した質問リストをご用意しました。ぜひ帯の内側にあるQRコードをダウンロードの上、時間があるときに答えてみてください。自分を癒す術を見つけ、ゼロになる時間を持ち、ときにはやるべきことをいったん置いて立ち止まる。自分の気持ちを認め、心に栄養を満たし、また日々の生活へと元気に戻っていけるようにととのえていく。流れていく時間のなかで、少し疲れたときや自分のことが好きになれないときに、いつでも、この本を開いてもらえたら嬉しいです。

いつも頑張っているあなただからこそ、たまにはちょっとひと休みして、自分をねぎらってあげませんか？　あなたなりの疲れた日の羽ののばしかた、修復のしかたを見つけてくださいね。

Contents

Part 1

心を見つめる

Part 2

五感を満たす

Part 5
今を喜ぶ

Part 6
心の栄養をとる

Part 7

人生を育てる

Part 1

心を見つめる

心にスペースはある？

期待をしすぎない

なんだか疲れた、泣きたい、モヤモヤする、イライラする。そんなふうに思うときって、誰にでもありますよね。

こんなとき心にスペースは、ありません。

ワイングラスに目いっぱい、ワインが注がれていると想像してみてください。その状態ではワインの香りを楽しむこともできませんし、ゆったりとグラスを揺らしながらの一杯を楽しむこともままなりません。

Mind Care 01

「どうしてこんなにモヤモヤするんだろう？」

「何に一番イライラしているの？」

そんなふうに自分に聞いてみて、思いつくままに書き出してみてください。この作業が、ネガティブな思いでいっぱいになっている状態をリセットして、心に余白をつくってくれるのです。

書いてみると気づくのですが、原因は他者の言動であることが多いのです。「○○してくれない」と感じるのは相手に対する期待値の高さです。期待値が高いと、その期待を超えてくれない相手に対して不満を持ってしまいます。

ですが、この期待値は、こちらの決めたバーの高さであって、相手からはそのバーは見えていません。期待に応えてくれないと思うときは、「勝手に、とても高いバーを設定しているんだな」と思ったほうがいいのです。

誰もがオリンピック選手並みの脚力を持っていないということを受け

入れていきましょう。誰もが完璧ではありません。「私だって完璧ではないからお互いさま」と思うことで、少し、心にスペースができるのではないでしょうか。

「宇宙は真空を嫌う」と言われていますから期待や執着を手放したスペースには新しい何かが必ず入るのです。

何が入るのか、ワクワクしながら少し待ってみませんか。「ない」を楽しむ余白こそ、心の余白です。

Point

余白を取り戻すマインドケア

心をリセットする儀式を持つ

疲れた日は自分を褒める

Mind Care 02

身だしなみにも目を向けて

疲労は知らず知らずのうちに、体にも心にも澱《おり》のように溜まっていきます。あなたが、「疲れてるな」と感じるサインはありますか？

□外に出ることや人に会うのが億劫に感じる
□化粧をしたり洋服を選んだりすることが面倒
□朝起きるのが辛い

□集中できない
□ありえないミスをする

こういった疲れの赤信号が点滅したら、まずは自分へ思いやりの言葉をかけてあげてください。「よくやってるよ」「頑張ったね」と、自分を褒めてあげます。「疲れる」ということは、「よくやっている」ということです。大人になってからは、「やって当たり前」「できて当然」と、まわりの人から褒められることもあまりないのですから、自分で自分を褒めてあげましょう。そして、疲れたときは、自分を思いっきり甘やかしましょう。自分ファーストに切り替えます。歳を重ねてからは特に、「疲れないこと」が大切だと思うようになりました。

私は地下鉄の窓に映った自分の疲れた顔を見てビックリすることがあります。目の下にクマができていて、ほうれい線もくっきり、フェイスラインは下がり、5歳は老けて見えます。そんなときこそ、まずは自分

Mind Care 02

の身だしなみや外見をととのえることから始めるようにしています。外見が変わると気持ちも自然と変わっていくからです。改めてチェックしてみると、髪は傷み、肌も爪も乾燥していたりしませんか？　肩が重くて頭皮も硬いまま。これでは、運も逃がしてしまいます。

あるお客様は、店頭にいらっしゃるときはいつも決まってパリッとしたスーツをお召しでした。

「出かけるときはスーツを着ると気持ちがシャンとするの」

とおっしゃいました。

まずは身だしなみをととのえて、きれいな自分を復活させましょう。鏡を見て、「よし、いける」と声をかけてあげることから始めませんか。

Point

余白を取り戻すマインドケア

「身だしなみをととのえること」はマナー

泣きたければ泣けばいい

Mind Care 03

ときには心のお掃除を

あなたは、泣くのが苦手ですか？　私は苦手です。長女気質なのでしょうか。「しっかり者」という仮面を脱ぐことができずにいるのかもしれません。こんな気持ちになることはありませんか？

□要領のいい人が羨《うらや》ましいときがある
□与えるばかりで受け取るほうが少ない

□人に頼ったり本音を話したりするのは苦手
□誰にどう甘えていいのかわからない

チェックがたくさんついた、そんな頑張り屋さんのあなたは、鏡に向かって「テキトーでOK！」と笑顔で言ってみませんか。すべてを完璧にできなくてもいいし、ミスをしてもいいのです。ミスをするということは隙を見せるということ。隙があるほうが愛されるのかもしれません。私は子どもの頃から、泣くことが不得意でした。前述した長女気質かもしれませんが、自分がどんなに泣きたくても妹が先に泣いてしまうと、「私が、しっかりしなくちゃ」というスイッチが入って、涙線が固まっていました。これは大人になってからも同じでした。

目の前で泣き出す女友達や後輩を前にして、「私も、こんな風に泣きたい」と、何度思ったことでしょう。まるで「椅子取りゲーム」のようです。先に椅子に座られてしまったが最後、立ち尽くすしかありません。

人混みの中、ふいに、泣きたくなって困ったことも何度もあります。特に、何があった訳ではないのですが、きっと心の奥で泣きたかったけれど泣けなかった思いがあふれてきた瞬間なのでしょう。涙がこぼれたときに初めて、「あぁ、私は本当はとても傷ついていたんだ」と気づきます。知らず知らずのうちに、心はショックを受けたり、悲しんでいたり、寂しく思ったりしていたのです。感受性の強い人ほど、傷つきやすく、傷つきやすい自分が嫌だから、強い自分になりたいと、泣くのを我慢して立ち上がろうとするように思います。

昔、『ダイアモンドは傷つかない』というタイトルの小説がありました。ダイアモンドは他のどの石よりも硬くて傷つきにくい石。削られれば削られるほど、美しく輝きます。多感だった20代の頃、心が傷ついたときには、「これで輝ける。心はダイアモンドだから」と、平気な顔で自分自身に言い聞かせていました。「私が、こんな小さなことで傷ついていると思わせたら相手に申し訳ない」「面倒だと思われたくない」という強い思いが、傷つきやすい自分を支えている自尊心でした。

ですが、今になって思えば「面倒」と「可愛い」はきっと紙一重なんですね。泣かない私は「可愛くない」と思われていたでしょう。言いたいことも言えず、泣きたいときにも泣けず、感情に蓋をして素直な気持ちを伝えられなければ、孤独になっていきます。本当は泣きたいのに意地をはって感情を押し殺していると、大切な人が離れていくことだってあるかもしれません。

悔し涙はひとりのときに流すものだと思いますが、悲しいとき、寂しいとき、傷ついたとき、大切な人の前では、泣いていいのだと思います。大切な人の前では「ありのままのあなた」でいることが大事だからです。

あるお客様は、定期的に心を大掃除するように、泣ける映画やドラマを観るのだとおっしゃっていました。映画館でならどれだけ泣いても、大丈夫なはずです。ひとりで心ゆくまで涙を流せば、映画館から出るときは「むきたての卵のように心はツルツルになっておなかも空くわ」と。

昔、「カルテット」というドラマに、「泣きながらごはんを食べたことがある人は生きていけます」というセリフがありました。思いっきり泣いて、たくさん食べてたくましく生きていきましょう。

Point

余白を取り戻すマインドケア

泣くことは浄化

Mind Care 03

モヤモヤ期はいつか終わる

Mind Care 04

踊り場の時間を味わって

あなたは、こんなときにモヤモヤしませんか？

□ＳＮＳを見ているとき
□自分らしくないことをしているとき

心のモヤモヤは、厚い雲がかかった空のように、どうもスッキリせず、何だか憂鬱な気分です。モヤモヤする原因は、心が見たくないものに雲をかけて隠そうとしているからかもしれません。友人のSNSを見た後、何だかモヤモヤするという人は大勢います。これはきっと、不安や嫉妬、焦りなど、自分のマイナスの感情を認めたくなくてモヤモヤするのではないでしょうか。ですが、そんな自分もOKなのです。こんな話を聞いたことがあります。空輪で運ばれた水槽の魚がぐったりしてしまったとき、ピラニアを入れると息を吹き返したように泳ぎ回るのだそうです。ライバルの存在や気の合わない人。そんな人がいるからこそ、頑張れることがあります。

また、なんとなく日々の生活に物足りなさを感じている自分に気づき、モヤモヤするという話もよく聞きます。いつもご機嫌なお客様は、「モヤモヤしたときは、ジャムを煮たり、刺繍をしたりするの」とおっしゃいました。何かに集中して「頭を空っぽにする作業をすること」「手だけを動かすこと」は、確かに効果的です。いったん、心と頭を空にするために、まったく別のことに集中するのです。そうすると、モヤモヤが、ゆらゆらに変わっていきます。焦ってなんとかしようとせず、まずは「ゆらゆらしている状態」でいいのではないでしょうか。答えは、時期が来れば自然と出ますから、無理に急いで特急列車に飛び乗る必要はありません。

ゆらゆらと各駅停車の電車の揺れに身を任せているような気分を味わってみませんか。

緩やかにカーブを曲がったり、駅に止まったりしながらも、少しずつ進んでいきます。

きっと、モヤモヤするときというのは、大きく変わるチャンスが来ているときなのだと私は思います。「このままでは嫌だな、なんとかしたい」「変わりたい」「成長したい」と思い始めている合図です。上ってきた階段の踊り場のようなところに来ているということです。そして、どんなモヤモヤにも「しかるべきとき」というのがあるのだと思います。

その人にとって、一番いいタイミングというのがあって、そのタイミングになれば自然と一番いい形で解決していくはずです。私自身も、以前はモヤモヤすると、いつもすごく焦っていたように思います。けれど振り返ってみれば焦っても結局同じでした。どんなモヤモヤも、なるようにしかなりませんでしたし、気づけば自分らしい所へ、時期が来ればちゃんと着地していきました。

自分らしい場所へ着地するためには、時間も必要です。次に進むために、今の場所でそのタイミングを待つ必要があるのです。ですから、ここは焦らないで、鼻歌でも歌って過ごしましょう。のほほんと、一番ご機嫌になれることをします。その時間が、なんだか長いなと思っても、それはそれであなたにとって必要な時間なのです。長い人生から見れば、きっと一瞬の時間です。きっと人生には、「モヤモヤ期」と「イケイケ期」が順番にめぐってくるのだと思います。イケイケ期に備えて、よく食べ、よく寝て、元気に遊んで、体力も気力も温存しておきましょう。

しかるべきときが来れば、晴れた空の下、あなたはまた忙しくなりますから。それまでの貴重な休暇期間だと思ってゆらゆらと過ごしていれば、自然とモヤモヤ期は終わっていくはずです。

Point

余白を取り戻すマインドケア

グレーの空の下で待つことも楽しむ

イライラと付き合う

Mind Care 05

コントロールできないことを、手放す

人がイライラするときは、大きく分けると、この2つだと聞いたことがあります。

□予定が突然変わったとき
□他者が思い通りにならないとき

例えば、「出かけようと思った途端、大雨が降ってきた」「急いでいるのに、電車が全く来ない」など、自分でコントロールできないことに対して人はイライラします。少し冷静になって、「これは自分でコントロールできることか？　できないことか？」と考えてみてください。自分でコントロールできないことなのであれば、そのイライラを手放すために、「自分でコントロールできること」だけを考えてみます。

「お気に入りの傘をさして出かけよう」

「電車は諦めて、タクシーの中でゆったり仕事をしよう」

など、自分でできる、より快適になれる選択に、切り替えます。

私の友人は、いつも遅刻して来るパートナーにイライラしていたのですが、あるとき待ち合わせ場所を本屋さんか花屋さんにすることにしたそうです。彼女は本と花が大好きなので、待っている時間が苦痛にならないようにしました。

いつも遅刻してしまう相手を変えることはできませんから、自分のイライラをコントロールする方法を考えたのです。自分の範疇《はんちゅう》でできることだけに焦点を当てます。

また、深呼吸をすることも有効です。イライラするときは、まず3回、大きく深呼吸をしてみます。フゥーッと大きく息を吐いて心を静めます。イライラした感情に任せて、焦って行動して後悔しないよう、次の失敗を呼び込まないようにするためには、まずは深呼吸です。

ストレスの根源は実は怒りが原因であることが多いと言われています。激しい感情ばかりが怒りではなく、静かな怒りもストレスとなっていきます。

歳を重ねてからは特に、感情的に怒ると老害では？と言われてしまいます。

仕事の場面では、「感情的になったらゲームオーバー」と言われたこともあります。感情的になることで、他者との距離ができてしまうのは、

Mind Care 05

もったいないこと。気をつけなければと思います。

素敵なお客様は「感情豊か」ですが、「感情的になる」ことはありませんでした。私も瞬間的にイライラを感じた時には、少し時間を置くようにしています。

例えば、イライラしたメールの文面には、即、返事はせず、しばらく放置します。メールで感情的なやりとりをしてしまうと後悔します。深呼吸をして、心が落ち着くまで、寝かせておきましょう。寝て、待つことが上手になると、イライラとも上手に付き合えます。

Point

余白を取り戻すマインドケア

怒りとは無縁の人は、いつも平熱

やめたいときはお試ししてみる

Mind Care 06

小さくても行動してみる

「やめたいけどやめられない」と思うことってありますよね。

「仕事を辞めたいけど辞められない」「人間関係を終わらせたいけど終わらせられない」と思うとき、個々に様々な理由があるはずです。

□頑張っているのに、報われないから

（どんな状態なら報われていると思う？）

□未来が見えないから
（どんな未来ならＯＫ？）
□自分らしくいられないから
（「自分らしい」とは何？）

カッコの中の質問の答えを書き出してみると、頭の中を整理することができます。「やめたい」とザワザワするのは、黄色の点滅信号。横断歩道を渡る前にいったん、立ち止まりましょう。必ず、自分の中に答えがあります。

お買い物の際、お客様は、「決められないときは、いったん、保留ね」とおっしゃいました。

迷っているときは、時間が必要です。

中途半端な状態をいかに心地よく過ごすかに気持ちを切り替えていき

ます。
私は、仕事を辞めたくなったとき、休日に他社の面接を受けてみたことがあります。そうすると、色々と見えてくるのです。今の会社のいいところ、自分のスキルの無さなどに気づき、やっぱり今の会社でもっと経験を積もうと、自分の強みを生かした業務を増やしたのです。

行動してみると、必ずフィードバックがあります。

小さくてもいいので、実際に行動してみると気づきがあるのです。動くことで、「あ、そうか」と頭ではなく腹に落ちた感覚が持てたとき、その選択に自信が持てます。会社での業務や家事など、いきなり全部をやめることに不安があるときは、「プレ期間」「お試し期間」を設けてみるといいかもしれません。

思い切って一定の期間だけ、いったん止めてみる、手放してみるという選択です。アウトソーシングしてもOKです。その際、仕事の関係者や家族には前もって相談して承認を得る必要がありますが、まずは3週間、あるいは3ヶ月と、期間を決めてやめてみると、その間にやめても大丈夫という確信が持てたり、あるいは、「やっぱりこれだけは必要」と感じたりします。小さな休止期間を設けることで、また新たな坂を登っていくエネルギーを持てることもあるのではないでしょうか。

Point

余白を取り戻すマインドケア

マイナーチェンジを繰り返して前に進む

Part 2
五感を満たす

Mind Care 07

夜に体を解きほぐす

巡りをよくするために

夜の時間は、日中のストレスから解放され、張りつめていたオンモードからオフモードへと切り替わる時間です。体も心も、すべてのスイッチをオフにして、好きなこと、好きな人、好きなものだけに囲まれて過ごしたいですね。

日中は、いろんな人に気を遣い、本当の自分の気持ちを修正していることもあるでしょう。

できることなら、気が進まないお誘いや、義務で参加する食事会は、3回に2回は断ってしまっていいのではないでしょうか。無理をして行っても、「行かなきゃよかった」と後悔することも多いものです。「相手は、ダメ元で誘っているんだ」と思ってしまえば、断りやすくなるかもしれません。

夜のひとり時間で疲れた体と心をととのえていきましょう。

そして、頑張った自分を解放してあげましょう。

私にとって、頑張った日のご褒美は、とっておきのコットンでパッティングをして肌を労《いたわ》ることです。コットンはシャネルのもので、もちろんコットンにしてはお高いので、ていねいにパッティングする習慣ができました。化粧水はコンビニやプチプラのものでも、十分に潤い、ゴージャスな気分になれます。

緊張で固まったものを解きほぐして、体も心も循環がよくなると、気も血も水も流れ始めます。「大人の体こそ、凝っていないこと、循環していることが大切だ」とお客様から教えていただきました。このパッティグの後はフェイスラインや鎖骨周りを「カッサ」を使って凝りをほぐしていきます。

この循環を感じられるようになると、今日の出来事に小さな幸せを見つけることができます。

大きな幸せの波というのは時々しかやってきませんから、日常の幸せは、静かな海辺で小さな波の優しさを受け止めたり、砂浜で見つけた桜貝を愛でたりするような、ささやかなもので十分です。

年を重ね、もう若くはないと気づくように、日が落ちて暗くなってから、そしてひとりになってから、見える景色というのもありますね。暗くなり始めた街中の景色は、昼間は見えなかった優しい光を放っているような気がします。月の光や遠くの窓の灯を改めて眺め、穏やかな心で、「あれはあれで、よかったね」「今日は、ここまででよしとしよう」と、肯定しながら過ごします。

夜の時間に、爪をととのえ、髪を洗っていると、「知らず知らずに爪も髪も随分伸びているな」と気づきます。このとき、何だか勇気をもらいます。疲れていても、凹んでいても、「私の体は今日も生きている、生きようとしている生命体である」と感じられるからです。

夜の時間は、丁寧に自分の心と体と向き合って過ごしていると、感謝の気持ちが湧いてくるのです。

Point

余白を取り戻すマインドケア

「感謝の気持ち」が心も体も循環させる

Mind Care 08

自分だけの香りを持つ

一瞬で疲れがとれる

すれ違ったときに、ふといい香りがする女性に出会うと、思わず振り返ってしまいます。

香りが記憶に残る女性は、忘れられない人になります。

TPOに合わせて、香りをうまく纏《まと》っているお客様にずっと憧れていました。洋服のセンスやインテリアのセンス以上に、香りのセンスがいい人は、私の中ではおしゃれ上級者です。

もっと「香りを暮らしの中に取り入れていきたい」と思っていた頃に出会ったのが、世界最古の薬局と言われている「サンタ・マリア・ノヴェッラ」です。草花から作られるそのブランド名を冠したポプリは、修道僧たちの独創的なレシピで作られています。

湿った森にいるようなこの香りは、3世紀以上にわたって作られていて、魂が原始に返るような気分になります。植物の実や葉や花びらが熟成され、発酵したようなこのポプリは、長い歴史を感じる豊かな伝統の香りで、高貴な気持ちになるのです。この香りに包まれると、人も自然の一部なのだと感じることができて癒されます。人間の根源に働きかけてくるような懐かしさがあるのです。

長く愛されるものには、必ずストーリーがあります。

ポプリは玄関にも置いてあるので、帰ったときに「おかえり」「お疲れさま」と言ってくれているような気分になります。オフのスイッチが入る瞬間です。

このポプリをラップに包んで、いくつか小さな穴をあけ、シルクの袋に入れて、クローゼットや衣装ケースにも入れておくと、洋服に袖を通すときに、ふっと香ります。また、枕の下に置けば、深い森の中で眠っているように癒されます。

誰もが、香りから記憶を呼び覚まされた経験があるのではないでしょうか。ある日、街角で出会った香りで懐かしい人を思い出したり、忘れていた記憶が、一瞬で蘇ったりします。暮らしの中で香りを楽しむことは、本能に忠実に、直感を大切にしながら生きていくことを助けてくれるような気がします。

あなたを癒す素敵な香りをぜひ見つけてみてくださいね。

Point

余白を取り戻すマインドケア

香りを使いこなすと暮らしの上級者に

Mind Care 08

Mind Care 09

心に効くチョコレートを食べる

日常が特別な時間になる

疲れたときには、チョコレートが食べたくなりませんか？

ただ好きなだけだと言われそうですが、実はチョコレートには、睡眠の質を高める効果、脳の活性化、ストレス解消、リラックス効果があると言われています。リモートワークやおうち時間が長いとき、チョコレートはとっておきのご褒美のような気がしてテンションが上がります。

近年は、ヨーロッパや世界中の高級チョコレートがたくさん日本に入ってきていて、高級ブティックのような美しいチョコレート専門店が次々とオープンしているので、見ているだけでも幸せな気持ちになります。

私が初めて外国の高級チョコレートに感動したのは、1990年代前半でした。お客様からベルギーのお土産にといただいたチョコレートは、エルメスのような美しい箱に入っていて、華やかさと優雅さを纏っていました。それまで板チョコやコンビニのチョコレートくらいしか食べたことのなかった私は、開けるときにドキドキしたことを覚えています。

宝石のように並んだチョコレートは、カカオの風味が口いっぱいに広がり、衝撃的な美味しさでした。たったひと口で虜になったのをよく覚えています。それが、今や日本でも有名な「ピエール マルコリーニ」のチョコレートでした。食べてしまうのがもったいなくて、ひとつひとつを大事に、週末の午後にいただいていました。お気に入りの紅茶を素敵なカップに淹れて、一緒に味わうひとときは、なんとも贅沢な気分になれました。

あの頃よりチョコレート熱はさらに高まっていますね。バレンタインデーの時期ともなると、有名ショコラティエが腕によりをかけた、芸術品のような美しいチョコレートが登場します。日本未発売のものや限定品などは、自分用へのプレゼントにと思わず大人買いする人も多いことに納得します。チョコレートを選んでいる時間もワクワクします。持ち帰って箱を開けるまでの時間、食べ終わるまでの時間と、3度の美味しい時間を味わいます。美しいチョコレートは、まるで宝石を手に入れたようにうっとりさせてくれます。自分を高めてくれる甘い誘惑です。

チョコレートはヨーロッパでは単なるおやつではなく、職人の技術が一粒に込められた文化なのだと思います。

だからこそ、たった一粒、口に含むだけで、心にも効くのだと感じます。気分を上げてくれる美しいスイーツは、自分をご機嫌にしてくれます。

特別なスイーツは非日常感を味わえるとっておきのご褒美です。

Point

余白を取り戻すマインドケア

美しいものは人を幸せにする

Mind Care 09

バスタイムに「特別」を

「楽しみな時間」に変えること

「バスタイムをもっと充実させたい」と思いつつ、「シャワーだけで済ませてしまう」「楽しむまでの余裕がない」という方も多いのではないでしょうか？

あるお客様のバスタイムのこだわりを伺ったことがあります。

そのお客様は、お会いすると、いつもプルメリアの花のような香りがするので、香水のブランド名を聞いてみたところ、香水ではなく、バス

Mind Care 10

ボムの香りだとおっしゃるのです。

そのバスボムはイギリス製のもので、日本にもいくつか店舗がありま
す。

その香りがとても気に入ったので、まとめ買いをして毎日1個、必ず湯船に入れて楽しんでいるうちに、その匂いが自分の香りになったということです。

1個500円のバスボムを毎日入れるとなると、躊躇《ちゅうちょ》する方もいらっしゃると思いますが、「ランチやカフェ代を節約しても続けたい習慣なの」と、笑顔でおっしゃいました。

このバスボムのおかげで、香水も衣類の柔軟剤も全く使わずにすみ、会う人に必ず、「いい香りですね」と褒められるので、コスパはいいのだということでした。

もちろん、価値観は、人それぞれです。

バスボムではなく、シャンプーやコンディショナーの質にこだわって

バスタイムに髪質を改善したいという方やシャワーヘッドや美容グッズを特別なものにして少しの贅沢感を味わいたいという方もいらっしゃるでしょう。何かひとつだけでも、バスタイムにちょっとした特別感があるとテンションが上がります。

ゆったりとしたバスタイムの後も、ちょっと気分の上がるバスローブを着ると、首や足のお手入れが億劫でなくなります。お風呂上がりにバスローブを着ることはどこか特別感がありますし、パジャマを着てしまうと、デコルテやふくらはぎなどをマッサージしづらくなりますが、バスローブを着ていれば、ＴＶを観ながら、音楽を聴きながら、ストレスなく、ながらのお手入れができます。お風呂上がりのお手入れが面倒だなと思っていらっしゃる方には、ぜひともおすすめしたいです。

バスタイムも含めて、一日の疲れを取るためのメンテナンスの時間を楽しめると、未来が楽しみになります。早く寝たいなと思う日もありますが、習慣化してしまうと、「やらないと落ち着かない」という気分になるから不思議です。一日の終わりのバスタイムを「10年後の自分づくりタイム」に変えることで、未来は確実に変わるのではないでしょうか。

Point

余白を取り戻すマインドケア

バスタイムで美意識を育てる

ボディケアをプロに委ねる

Mind Care 11

顔より、体に目を向けて

近年の気温の寒暖差や不安定な天候で、体調管理が難しくなったという方も多いのではないでしょうか。私も、季節の変わり目には、体調が安定せず、不調に陥ることがあります。

体だけでなく、気持ちも桜の咲く季節は何となく不安定になりがちですし、梅雨の時期は低気圧が肩にずっしり乗っかっているように気分も重く感じたり、また、寒くなると心も縮こまったりします。

その不調を自分で何とかしようと気合だけで頑張ってしまいがちですが、ちゃんとプロの手を借りて、身を委ねることも大事なのだと、近年は実感しています。

それは例えば、鍼《はり》や整体のプロに頼って、しっかりケアをしてもらうというようなことです。近頃のお気に入りは、お客様に教えていただいた美容鍼です。

顔全体もきゅっと上がるので、気分も上がります。

「手当て」という言葉がありますが、人の手を借りて丁寧に施しを受けることで、その人の技術だけでなく、パワーをもらえる気がするのです。

直接、肌に触れてもらうエステティシャンや鍼灸師の方とは相性もありますので、お互いの温度感が似ていて、技術とホスピタリティの両方を兼ね備えた方がやはり理想的です。私は、初めてのお店に伺うときは、指名料がかかったとしてもそのお店のトップの方にお願いするようにしています。トップのクオリティを知ることは大事だからです。温かく確実なプロの手にかかって、だんだんとチャージされていく時間は極上です。若い頃は、どちらかというと、体のケアよりも顔のケアに注力していました。エステに行っても、体より顔が中心。顔につけるクリームは値段が高くても買うのですが、ボディクリームになると、「これでいいか」と妥協しがちでした。顔に比べて、体のケアはいつも後回しだったのです。

ですが、歳を重ねたからでしょうか。体のケアをしっかりやると、顔色もよくなり艶《つや》が戻ってくるのを感じます。

やはり、体の健康が顔色や表情にも表れるのだと思います。

真に美しいと感じるお客様は、内側からオーラのある美しさを放っています。

年を重ねてからは特に、メイクに頼らない真の美しさを目指したい。

それには、ボディケアをしっかりやることが大事なのだと感じています。

あるとき、青山のカフェで隣の席にいらっしゃった、60代くらいの女性の美しさに目を見張ったことがあります。無駄な贅肉のないしなやかな体と美しい姿勢、白髪でも艶やかで豊かな髪、年輪のような皺《しわ》のある笑顔は、本当にピカピカと内側から輝いていました。

心と体は繋がっているので、心に元気がないときは、体もその影響を受けて快調とはいかなくなってきます。

心が落ち込むのに任せてじっとしていると、人付き合いや新しい情報などもすべてを遮断したくなり、凝り固まっていくだけです。だからこそ、腰が重く感じても「さ、いくよ」と自分に声をかけて、軽くランニングをしたり、隣町のスーパーマーケットまで歩いたり、とにかく体を動かすようにしています。そうすると、停滞していた心も動き始めるのです。

自分の体は、一生付き合っていくもの。

止まらず動かしていくことで、いろんな変化に対応できるようになり、また内側から光るようになるのだと思います。

Point

余白を取り戻すマインドケア

健康美で内側から輝く

ゴールデンコーナーを作る

Mind Care 12

幸せに感じるものだけを集めて

自分の部屋はその人だけの聖域です。

あなたの部屋のマイルールはどんなことでしょうか？　美意識の高い私の友人は、好きなもの以外は絶対に部屋に置かないというポリシーを守っていました。彼女が選んだものはたとえテイストがバラバラであったとしても、どこか彼女らしいと感じさせるセンスのいいものばかりでした。ティッシュカバーのような日用品でさえ、好みに合うものが見つからないときは、カバーなしで引き出しに隠して使っていたほどです。

私には、そこまでのこだわりはないのですが、この一角だけは、好きなものだけを置きたいと思っているコーナーがあります。

それは、寝室にある鏡台です。

引き出しの中には、母にもらったジュエリーや時計を入れ、鏡の前にはフォルムの美しい香水や化粧瓶などを置いています。美意識が高まるようなものを置いておく、私にとっての「ビューティフルコーナー」であり「ゴールデンコーナー」です。

鏡台が美しいと、自然と気持ちが高まります。鏡が曇ったときは、心も曇っていると感じ、丁寧に磨きます。こういった小さなこだわりが、家での時間をより豊かにしてくれるのではないかと思います。

この話を友人にしたところ、その友人は、ダイエット中のとき冷蔵庫にスーパーモデルや憧れの女性の写真を貼っていたそうです。冷蔵庫の中は、スーパーフードと呼ばれているものばかりを入れ、ダイエットに成功した彼女は「私にとっては、冷蔵庫がゴールデンコーナーよ」と嬉しそうでした。これは、「モデリング」と呼ばれる効果です。

なりたい女性・憧れの女性をいつも目に焼きつけておくことで、脳にインプットさせます。そうすれば、そのイメージにだんだんと近づいていくのです。

「あの女性なら、どんな食事をしているのかな？」「どんなふうに家で過ごしているのかな？」といつも想像します。それを真似してみるだけでも、憧れの人に近づく大きな一歩になるのです。

いつも上質な木綿の服を着て、木の温もりが好きだった先輩の家のリビングには、北欧のおうち時間を彩るアロマキャンドルが並んでいました し、フランスに住んでいたマダムは、リビングに置かれたアンティークの銀製品のコレクションが圧巻でした。素敵な女性の部屋には、皆、その人らしいゴールデンコーナーがありました。

あるお客様の玄関にあった小さなシャンデリアタイプのペンダントラ

イトは、今も忘れることができません。小さくてもゴージャスで、昔、シャンデリアのある家に憧れた私は、そのまばゆい光に一瞬で虜になったのです。宝石のようなカットを施したビーズに光が反射して、上品な輝きに満ちていました。こんなゴールデンな場所を暮らしの中で創りたいと思ったのです。

ゴールデンコーナーは、自分に戻る場所でもあり、自分を癒し、高めるパワーがある場所なのだと思います。お家全体を一気に変えようと思うと大変ですが、どこか1コーナーだけ「ゴールデン」に変えませんか?

Point

余白を取り戻すマインドケア

「ゴールデンコーナー」で暮らしを上質に

Mind Care 13
くたびれたら、一輪の花を飾る

心がかさついたときこそ

闇市で花は売れていたという話を聞いたことがあります。その話を聞いたときは「お米もない時代に花を買うなんて」とびっくりしたのですが、人はお腹が満たされても、心が満たされないと幸せは感じられないのかもしれません。ずっと昔から、人は花から元気をもらい、美しいものに救われながら、生きてきたのかなと感じました。「豊かさとは何か」ということを考えさせられるエピソードです。

代々木上原に、「ムギハナ」というお気に入りの花屋さんがあります。そこに行くと、何とも幸せな気分になります。買わなくとも、見るだけでも元気になるその花屋さんは、私のパワースポットでもあります。ラナンキュラスやシャクヤクなど花弁の多い花は存在感があるので、一輪だけでも、部屋に飾っていると満足感を得られます。

ギフトでお花を贈ることも多いのですが、そんなときは花屋さんに贈る相手のイメージを詳しく伝えたり、テーマや色を相談したりします。プロの手によって、こちらの期待を遥かに超えた素晴らしい花束に仕上がったときは、贈るほうも贈られるほうも感動し、記憶に残るギフトになります。

こんなとき、やっぱり美しいものは、人の心を震わせるのだと再確認するのです。

高級ホテルのエントランスに飾られた見事な生け花は、気分を上げてくれますし、散歩中に出会う道端の草花にも癒されます。私の勤めていたブティックでは、正面のテーブルに白い花のアレンジメントを飾っていました。定期的にお花屋さんが入れ替えてくださって、その花は、お客様を華やかに出迎え、私たちもその花から元気をもらっていました。

忙しい毎日であっても、時間を見つけて美しいものに触れるだけで、心は豊かになっていきます。花だけに限りません。美しい景色など、心を震わせる美しいものは探せば身のまわりにたくさんあります。

くたびれたとき、心がガサガサしたときは、つい暴飲暴食をしがちですが、花一輪、買って帰るほうが、気持ちは潤うのです。

Point

余白を取り戻すマインドケア

花は米と同等の価値がある

Mind Care 13

触感を大切にする

Mind Care 14

優しい気持ちをくれるもの

「人は着ているものの触感で、表情が変わる」と思った出来事がありました。

それは昔、あるお客様の腕にふと触れたときに、カシミヤのセーターの柔らかい触感にはっとしたのです。そのお客様は、柔らかな表情で身のこなしも優雅でした。いつもシルクのブラウスや上質なカシミヤのセーターをお召しになっていて、その柔らかな表情は、柔らかなものを纏っているからではないかと思ったのです。自分を大切にしている素敵な大人の女性は、触感を重視するのだと思った瞬間でした。

触感は心にダイレクトに響きます。

もちろん、自分の心が柔らかいときは、人にも優しく寛容になれます。ですが、いつも柔らかい心でいることは難しいものです。そんなときに、優しい肌触りのものに包まれることで、自分の心をほぐしていくのもいいのではないでしょうか。

直接、肌に触れるものに上質なものを選ぶことは、自分のことを大切にしてあげることです。自分の心も体も優しく包んでくれる肌触りのよい服やブランケット、ストールは、自己肯定感を高めてくれる効果すらあるのです。反対に、チクチクするものやガサガサしたものは、心や表情までとげとげしくなってしまいます。

疲れた日は、タオルやスリッパの触感にこだわってみませんか。癒されたい夜は、柔らかな感触の毛布にくるまって眠ってみませんか。

私が年中愛用している「ファリエロサルティ」のストールは、肌触りが極上で、一度巻いてみると、あまりの心地よさに他のものが使えなくなってしまいました。肌寒い日の私を温め、癒し、包んでくれる、なくてはならない存在です。どんなときも巻くだけで幸せを感じる、手放せないストールです。シルクのブラウス一枚分くらいのお値段ですが、欲しい洋服を一枚我慢しても買う価値があると思います。

自分を大切にしている人は、他者も大切にすることができます。

柔らかい心で、柔らかい表情で、柔らかく他者を包み込むような人でありたいと思います。そんな自分をつくるには、触感を大切にすることから始めてはいかがでしょうか。

Point

余白を取り戻すマインドケア

触感を大事にすると、心が柔らかくなる

Part 3

ゼロになる

捨てる習慣を持つ

Mind Care 15

捨てられる人は、選べている

「捨てること」「手放すこと」を苦手だと感じる人は多いと思います。

私も苦手でした。捨ててしまったら、後悔するのではないかと不安になったり、せっかく手に入れたのに手放したりするのはもったいないと思っていましたが、人生の後半になってから、捨てることがそれほど怖くはなくなりました。人生という時間が有限だと実感するようになったからかもしれません。

人は、残り時間が短くなると、優先順位がはっきりします。まずは時間を奪われるものから、捨てていきます。有限な時間は、あなたにとって何よりも貴重な財産です。

時間を奪われるものとは、携帯ゲームなどの中毒性のあるものや、気が乗らない食事会などです。「義務感でやっていたこと」「必要以上に人に合わせること」も捨てることができるとスッキリするはずです。

捨てることができるようになるということは、同時に選ぶこともできているということです。

主体的に選ぶことができると、「私らしく」生きていくことができます。選ぶ基準は直感を重視して、理屈より「心地よいかどうか」が大事だと感じます。

頭で考えるより、心のワクワク感が自分を動かしてくれるからです。「直感で決めるのは怖い」と思うこともありましたが、決めた後に「あ、違ったな」と気づいたとき、元に戻る勇気さえあれば大丈夫です。

この「捨てる」「手放す」を日常的に習慣づけたいと思い、買い物をしていて、カゴがいっぱいになってしまったら、入れたものをもう一度見直し、ひとつだけやめるということを意識しています。

値引きがあると、ついついカゴの中に入れすぎてしまうので、買いすぎ防止になります。少しの買い物ならカゴは持たないほうがいいのかもしれません。よく、店員さんが「どうぞお使いください」とカゴを差し出してくれますが、大きいカゴを持つとどんどん入れたくなってしまうからです。

以前、クローゼットも常に2割のスペースを空けておくことで使いやすくなると、片づけのプロに教えてもらいました。目いっぱいまで詰め込むと使いにくくなってしまうのは、クローゼットだけではなく、人生の時間割も同じだと思います。毎日の中に、2割の余白時間をつくれたら、理想的です。これは、この2割の余白が膨らし粉のように、人生を豊かにしてくれるからです。

ものも情報も溢れている世の中だからこそ、「選ぶこと」が、自分軸をつくると思います。

素敵なお客様ほど、買い物の時間は短いのです。自分軸があるので迷いがありません。「マイスタイル」を持っている人は、人にも時間にも振り回されることなく、ご機嫌に生きていけるのです。

Point

余白を取り戻すマインドケア

捨てること、手放すことで自分軸ができる

Mind Care 16

掃除で流れをよくする

場を清め、心を晴れ晴れと

掃除をすることは、呼吸することと同じように生きている限りエンドレスに続きます。

きれいに掃除しても、また汚れますから、マイナスをゼロにする作業です。常にニュートラルを保つことはプラスが見えにくいですが、マイナスの状態からいきなりプラスに転じることはありませんから、ゼロに戻しておくことで、プラスはやってくるのだと感じます。

掃除は、髪を洗ったり、爪を切ったりという自分自身のメンテナンスと似ています。

「きっとこの方の部屋はきれいにととのえられているのだろう」と感じるお客様の髪は、いつもきちんとまとめられ、爪は美しくととのえられていました。そのお客様は風水にも詳しく、「掃除をすることは浄化になる」「よい運を呼び込む」とおっしゃいました。

確かに、ホコリの溜まった状態では、物事は停滞し、よい空気が入って来ない気がします。「お家にいるときは、一日に5回は掃除をするの」とおっしゃっていて、驚いたことを覚えています。

私がハイブランドで働いていたとき、売り上げが悪いときは、全員で徹底的に掃除をしました。

店頭だけでなく、ストックや店の前の道路まできれいにすると、スタッフも笑顔になります。掃除が行き届いた状態で、皆が笑顔でいると売り上げが伸びました。掃除がスタッフの心にもお客様の心にもいい効果を及ぼすのは、実証済みでした。

清掃が行き届き、整頓された美しい空間だからこそ、私たちの気分も上がりますし、お客様も気持ちよくお買い物ができます。こういった経験をしてからは、より「そわかの法則」と言われている「そうじ」、「わらい」、「かんしゃ」の3つを実践するようになりました。これは売り上げをつくるだけでなく、私たちもお客様も、お互いをハッピーにする法則でした。

プライベートでもうまくいかないことが続くときは、掃除をして家の中の空気の流れをよくしてあげると、停滞しているものが動き出すような感覚を覚えたこともあります。

もし今何か、淀んでいる、停滞していると感じるのであれば、まずは窓を開けて空気を入れ替えてみてください。そして気づいたときに、さっと目に入ったホコリや汚れを取り除きましょう。このひと手間を惜しまないことで、新しい流れのリズムを呼び込むことができます。

家の中全部を掃除するのは難しいですし、時間もないというときは、運の入り口と出口である玄関やトイレなど、どこか一か所だけを徹底的にきれいにするということだけでも心もすっきりとするのではないでしょうか？

Point

余白を取り戻すマインドケア

運のいい人は呼吸するように掃除をする

Mind Care 17

使い捨てず、手入れする

時を一緒に重ねるものへの、愛情を

拙著『本当に必要なものはすべて「小さなバッグ」が教えてくれる』の中で、「帰ったら、中身を全部出す習慣をつけること」が大事だとお伝えしました。これは、中身を全部出すといらないものを持ちすぎていることに気づくだけではなく、バッグの中の汚れや傷みにも早めに気づけますし、入れっぱなしにしないことで型崩れすることを防げるからです。

これは、心も同じではないでしょうか。

気づかないうちに、いらないものも入ってしまっているので、ことあるごとにいったんすべて出し切って、傷がついたところを修復していくことが大事です。

使い捨てが当たり前の世の中で、「ものを長く大切に使う」気持ちは、自分のことを大切にする気持ちも育ててくれます。長く大切にしてきたものからは、多くのことを学べるのです。

よく手入れがされた歴史を感じるものを大事にしている大人は信用されるのではないでしょうか。

バッグだけでなく、長く付き合う家具にも歴史が刻まれます。世界から名品と讃《たた》えられるものが多い北欧のヴィンテージ家具も素敵です。冬の時間が長く、家の中で過ごすことが多い北欧の冬を豊かに彩ってきた家具には、名品と讃えられるだけの歴史の重みとデザインの優美さがあります。メンテナンスしながら自分の人生の時間を共に過ごせるのは贅沢なことだと思います。

まずは椅子一脚から始めて、徐々にお気に入りの家具を買い集めていくのも素敵ですね。何度も見て、座って、自分にぴったりの一脚を選べると愛着が湧き、メンテナンスも楽しくなります。

資生堂さんの「一瞬も一生も美しく」という大好きなキャッチコピーがあります。美しい人は、毎日の小さなメンテナンスが一生の美しさに繋がることを知っているのでしょう。

私は販売員時代に、多くの有名人の方や外見も内面も美しいお客様とお会いしてきましたが、ある女優さんは「その日の疲れは、その日のうちに取り除くことが大事」とおっしゃっていました。寝る前には、アロマキャンドルを焚きながら入念にストレッチをして、3種類のマッサージオイルで全身をマッサージするのだということでした。そのお話を聞いたときは「こんなに忙しい方なのに」と自分が恥ずかしくなりました。改めて、「美は一日にしてならず」だと思ったのです。

私は、「綺麗」と「美しい」は違うと思っています。「綺麗」は急仕立てで表面的に繕うことができるかもしれませんが、「美しい」は積み重ねでできているような気がします。

今は、何でも「簡単」「便利」「効率」が重視され、「手間のかかること」は排除されがちです。

短期間で使い捨てるほうが、長い間手入れをしながら持ち続けるよりもストレスがないと考えがちですが、それでは真の豊かさを感じることはできないのではないでしょうか。

あるお客様の愛用されていたバッグは、神戸の街で創られたもので、震災後に購入されたということでした。よく手入れされたバッグに、深い想いを感じたのです。

そんな出会いを大切にする気持ちで、自分の琴線に触れたものを時間をかけて選んで、長く大切に使うと決めて手に入れてみませんか。「これでいい」と安易に選ばず、妥協をせず、本当に欲しいもの、長く使えるものかどうかを見極めていきます。

ものも人も長く付き合っていくと、時間というオーラをまとい、独特の味が出てきます。歴史を刻んでいくことで風格や品格さえ漂ってきます。

人生において、そんなかけがえのないものや人を持っていることは、あなたの自信にもなるのです。

Point

余白を取り戻すマインドケア

ものが持つストーリーや歴史を大切にする

Mind Care 17

Mind Care 18

素の自分でいられる場所へ行く

新鮮な気分になれるはず

歳を重ねるにつれ、誰しも仕事の場面で責任が重くなっていきます。

もしかしたらこの本を読んでくださっているあなたもそうかもしれません。

大きな仕事を任されて背伸びをする場面や、「先輩としてこうあるべき」といったプレッシャーを感じる場面も多くなってきているのではないでしょうか。

私は以前働いていたショップで店長になったとき、「店長はこうあるべき」に囚《とら》われていました。

そして、そう思えば思うほど、孤独にもなっていきました。

そんなとき、仕事とは全く関係のない習い事に救われました。

その時期は、お客様に紹介していただいたゴスペルのグループに参加したり、陶芸教室や料理教室に通ったりしていました。初心者ですから、新人として一から教えてもらうことが新鮮で、受講者同士の上下関係のない、フラットな立場でのコミュニケーションが心地よく、背伸びをせずにいられました。

素敵な方のご紹介ですから、素敵な先生ばかりで気持ちも高まりました。「こんな人になりたいな」と感じる人に教えてもらうことは、私にとって新鮮なインプットでした。

鎌倉のお寺で開催されたヨガのレッスンに通ったこともあります。そこを選んだのは、美しい先生に惹かれたからです。レッスンを通じて、その先生の美しさの極意も学べたような気がします。

また、体幹のしっかりした体は、精神的にもぶれない軸を持てる、という気づきを得ました。美しい背中は、背骨と肩甲骨のしなやかさだと感じたのです。その美しい軸が表情さえも凛とさせるのだとわかりました。

帰りは、高揚感と充実感でいっぱいになりながら、江ノ電に乗っていたことを思い出します。

こんな場所に、月1回でも通うことができると、初心に返りリフレッシュされます。

Point

余白を取り戻すマインドケア

新しい学びは、新しい栄養素

自堕落な時間を過ごす

Mind Care 19

何かを放り出す日があってもいい

女性は月の満ち欠けのように、心身の調子にバイオリズムがあると言われています。

それに逆らわず、自分をコンディショニングしていくことは大事です。

毎日フルスロットルで頑張っているあなたこそ、「今日は頑張らない日」と、思い切って自堕落な日をつくってみませんか？

「何にも、しない」

「思いっきり手抜きをする」
「ただ、ゆるゆると過ごす」

時短や効率などはいったん、脇に置きます。

例えば、お弁当とスイーツを買い、一日中パジャマで好きなだけネットフリックスを見て、心が喜ぶこと、好きなこと以外はしないと決めます。こんなときは、ホコリの塊が部屋の中を横切っていったとしても、見て見ぬふりをしてしまいましょう。

あるお客様は、疲れた時は海外でホテルから一歩も出ずに過ごすとおっしゃっていました。観光も何もせずただひたすら体と心を休めるのだとおっしゃいました。

家事からも解放されるのは大事ですね。気分が乗らないときは、嫌々やっているので、料理をすれば包丁で指を切り、掃除をすればものを壊してしまう、ということがありました。それなら、やらないほうがマシだと思ったのです。

体だけでなく、情報が溢れる世の中になってからは、情報の整理だけで頭も疲れています。何の気なしにSNSに投稿した写真にも賛否が寄せられ、そのコメントにも敏感になってしまうことが多いはずです。それなら今こそ、一時話題になった「鈍感力」を見直してもいいと思いませんか。たまには、「ま、いっか」と思えるアバウトさが心を救ってくれることもあるでしょう。

何でも「○○すぎる」とき、不具合が生じますね。「頑張りすぎる」「真面目すぎる」「優しすぎる」……。それ自体はいいことなのに、過剰になると自分も周りも疲れます。

ある新入社員の人から、こんな話を聞きました。

今では考えられませんが、彼女の会社では、上司が有休を取らないので、みんな有休を取るのをなんとなく我慢していたそうです。まさに「忖度」しているような状態だったところ、彼女の有休があっさりOKされたとき、先輩たちがいい顔をしなかったらしいのです。

「みんなも取ればいいのに。ムッとするってことは、本当は有休を取りたいってことですよね」と彼女は言いました。「休みたい」という気持ちに蓋をしていると、他者への怒りに変わってしまうことすらあります。自分に厳しすぎると、他者にも厳しくなりがちです。

また、こんなこともありました。

友人に悩みを相談しているとき、相手が「解決してあげよう」という気持ちで、早急に解決策としての結論を出してくれたのです。友人は善かれと思ってやってくれていることですが、私自身の気持ちがついていかないということがありました。

結論を出すタイミング、「こうしよう」と行動するタイミング、ちょっと休みたいタイミングというのは、人それぞれ違います。

だからこそ、人から「そろそろ休んだら?」と言われても、休みたくないときもあるでしょうし、逆に「今、休むの?」と言われたとしても、あなたが本当に休みたいタイミングなのであれば、迷惑をかけない限り休むほうが効率的だと思います。

もうエネルギーが切れているときに無理に動いても、ミスをしたり、痛い思いをしたりするからです。

休んでエネルギーが満タンになったら、今の何倍も集中してやれるはずです。そのほうが濃く深く、物事に取り組むことができますから、結果も出やすいと思うのです。「もう今日は無理」「休まないと息切れする」と思ったのであれば、それは正しいのです。何もしないことで自分を満たしてあげましょう。

何もしない時間は、何かをしている時間と同じくらい価値があります。

Point

余白を取り戻すマインドケア

何もしないことは一流のぜいたく

Mind Care 19

無心になれることを持つ

Mind Care 20

悩みも吹き飛ぶ「没頭」「集中」

毎日を過ごしていると、心の中には、常にいろんなものが入ってきます。それはキラキラしたものや気持ちをふわふわさせてくれるものだけでなく、ざわざわしたものやどんよりしたものももちろん含まれています。

こういったものが心に長く沈殿すると、なかなか出ていってくれません。切り替え上手な人は、どういうことが起こってもサッといつものモードに戻り、気持ちの浮き沈みに振り回されることがないので、羨ましいなと思っていました。

10代の頃のことです。友人と喧嘩してなかなか眠れない夜に母がこう言いました。「目を閉じて羊を一匹ずつ数えていたら眠くなるよ」

よく言われている方法ですね。疑いもせずに、「羊が一匹、羊が二匹」と、ただ数を数えているうちに気に病んでいた友人とのモヤモヤも遠のき、眠ってしまったことを覚えています。「無心」とは「遊び心」のことかもしれません。

また、あるセミナーに参加したときのことです。講師の方から、「このテキストの中に『の』という文字がいくつあったか、誰よりも多く数えてください。制限時間は2分です。それでは、よーいスタート！」といきなりの指示がありました。訳がわからないまま、スタートの合図で、ひたすら、「の」の文字を無我夢中で数えている自分がいました。

制限時間が終わった後、それぞれ自分が数えた「の」の数を発表しました。正解不正解は関係なく、なぜか達成感がありました。そのとき講師の方が「今の感覚が没頭（フロー）状態です」とおっしゃいました。

人は意味がわからないことでも、とにかくやってみれば集中できるし、達成感を得ることができるのだなと、驚きました。そして、これは心がざわざわしているときにはうってつけではないかと思ったのです。

何もしていないから無心になれるのではなく、何かに集中しているときに無心になれるのです。

フロー状態は、少しのチャレンジ精神があれば、自分でも意識的につくることができます。

「興味のある、なし」は関係ありません。

たとえ、「の」の数や羊の数を数えることに興味がなかったとしても、やってみれば人はフロー状態になれるのです。

「できた」という小さな充実感を与えてくれます。

もちろん、フロー状態は「数を数える」以外にもつくれると思います。

Mind Care 20

あるお客様は「写経」をしたり、教会音楽を聴きながら紅茶を淹れると無心になれるとおっしゃいました。またある女性は、雑巾を持って、ただひたすら床を磨いていると無心になれると話してくれました。これは床もピカピカになりますから、嬉しい一石二鳥です。

心を静めて無心になりたいときは、理屈よりチャレンジ精神を発揮して、ただ、ひたすら「集中する状態」「他のことに意識がいかない状態」をつくってみてはいかがでしょうか。「モーメントオブピース」をあなたの心に。

Point

余白を取り戻すマインドケア

モヤモヤしているときは手を動かす

Part 4

自分軸を取り戻す

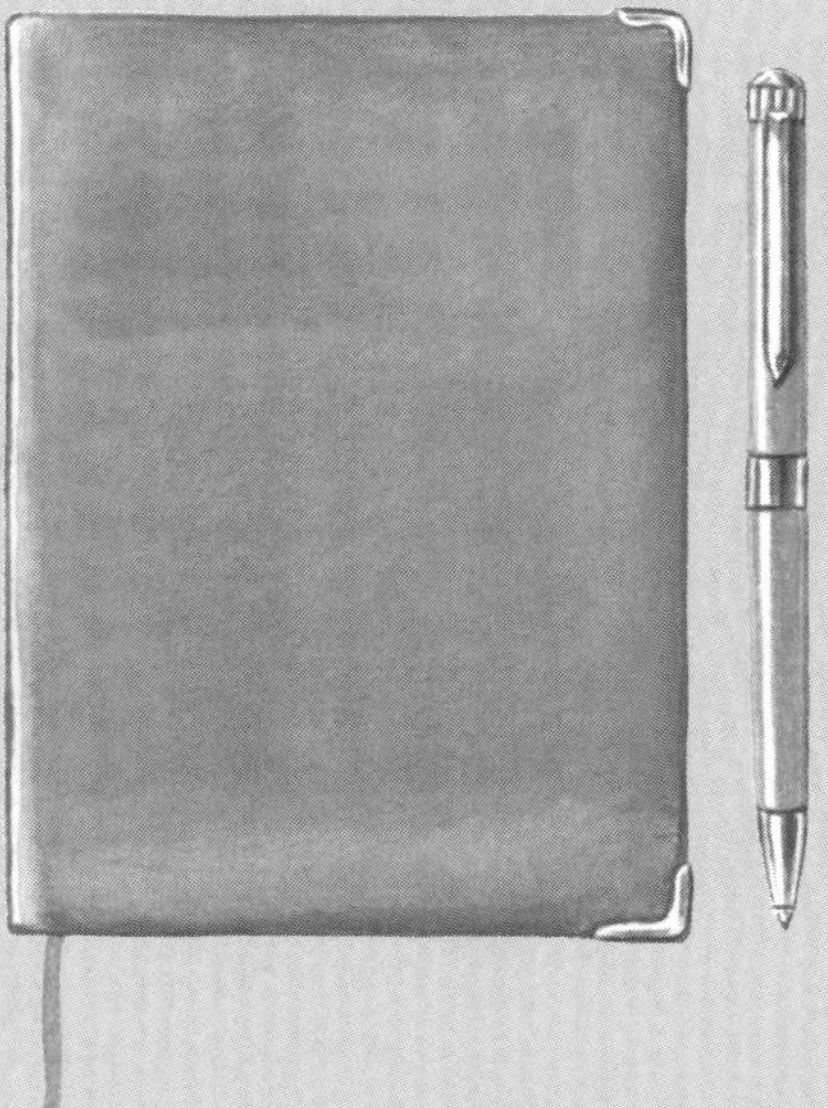

振り返りの時間を持つ

Mind Care 21

心を自分でハンドリングする方法

「タイパ」という言葉が流行し、なんだか以前よりも時間に追われているという方も多いと思います。日々、追われるように忙しい時間を過ごしていても、ほんの少しでも、振り返りの時間を持てるとリフレッシュしますよね。

私は、リフレッシュ用にSHIGETA（シゲタ）の「スウィートドリーム リラックス」というロールオンオイルを使っています。疲れたときはこめかみや肩になじませると気分転換できます。

ある女性は、リフレッシュのために携帯電話の待ち受け画面に、「what's next?」(次は何をしようか?)と表示していました。「自分を追い立ててしまうのでは?」と思ったのですが、「楽しいこと」「ワクワクすること」限定だそうです。

またある女性は、帰りの通勤電車の中で、手帳にひと言、「6文字の感想」を書くそうです。素直に「うれしかった」「びっくりした」「腹が立った」と本音の感情を書くと落ち着くのだと言っていました。そして、朝の通勤時間には、「今日はどんな一日にしたい?」と自分に問いかけるそうです。昨日を引きずらず、リフレッシュした一日を始めるきっかけになるとのこと。「笑顔で過ごす一日」とか、「前向きな言葉を使う日」など、具体的に書くことで憂鬱な朝も気持ちを切り替えることができるのだと言っていました。

私が出会ったお客様でも、「夜、日記を書く」という方は多く、思考の整理だけでなく、一日一日を大切にできるとおっしゃいました。

成功している人は切り替えが上手です。

また、ある女性は幼稚園に通う娘さんがいて、仕事の帰りにお迎えにいくのですが、園児が一人ずつ、皆の前に立ち、「〇〇ちゃん、今日はおもちゃを貸してくれてありがとう」と言っている姿を見て、「私は、今日、誰にありがとうと言おうかな」と考えるようになったそうです。

一日の終わりに、「感謝したいこと」「ツイていたこと」「できたこと」の3つを書き出すと心が温かくなります。

振り返りの時間をうまく使えると、心のギアチェンジがうまくなります。

Point

余白を取り戻すマインドケア

少しの時間で心をととのえる習慣がある

Mind Care 21

手書きノートで人生を動かす

Mind Care 22

あなたの一番の味方

スマートフォンひとつであらゆることができてしまう世の中ですが、あなたは日頃ノートを使っていますか？

ノートに文字を書くことは、仕事でもプライベートでも、目標や夢の実現に有効だと言われています。実際に、ノートに夢を書き出すようになってから、目標を達成した、お金が貯まった、時間が上手に使えるようになった、夢の実現が早まったと言う方はとても多いように思います。

なぜ手書きでノートに書くことに効果があるかというと、主な理由としては指先には神経が集中しているため、書いたことが潜在意識に定着しやすいからだそうです。

手を使って書くことで、自分の意思が指先に伝わる感覚を持ち、その文字を何度も見ることで、深いレベルで脳にインプットされていくのでしょう。そうすると、以前なら見過ごしていたようなチャンスに気づけるようになってきます。そして、チャンスが来たときに瞬間的にキャッチして、すばやく行動に移せるようにもなっていきます。例えば、夢を加速する行動のヒントを、誰かが投稿したSNSに見つけたり、カフェで耳にした会話に欲しい情報のヒントがあったりといったことです。

知人の話を聞いていても、手書きで言語化し、脳にインプットすることの重要性を感じることがあります。

あるお客様は自宅でネイルサロンを立ち上げたのですが、集客を増やすために、「毎日、ワンアクションでできることをひとつだけやる」と決めて、ノートに書いて実行しました。そうすると、3ヶ月後にはお客様が実に2倍になったそうです。

また、ある女性は、欲しいものや行きたい海外の場所の写真や切り抜きを、スケジュールノートの最初のページに貼っていました。ノートを開くたびにモチベーションが上がり、ワクワク感が持続し、諦めることなく前向きに行動できたと言っていました。彼女は2年後、昇進して収入が大幅にアップしたのだとこっそり教えてくれました。

また、私の先輩は、仕事での悩みを整理するために小さなノートをポケットに入れて、いつも持ち歩いていました。ノートの左のページには愚痴や不満、ネガティブな思いや悩みを書き出し、右のページには、そのひとつひとつに矢印をつけて解決策や提案を書き出していました。私が上司とうまくコミュニケーションが取れなかったときに、「愚痴はなかなか聞いてもらえないけど、提案なら耳を傾けてくれるよ」と、このノートの使い方を教えてくれました。このやり方は、嫌なことがあったときも、前向きな気持ちに転換するきっかけをくれました。

「できない理由よりできる方法は？」

「AかBかではなく、C案はないのか？」

と、考えるきっかけを与えてくれたと思っています。

現在も、私はノートを愛用しています。リングタイプのゴム付きでポケットサイズの方眼ノートが使いやすいように思います。ロフトなどにも売っている「ロルバーン」はカラーバリエーションも豊富です。

一年の最初には、スケジュール帳に休暇の予定を先に入れます。

1〜3月、4〜6月、7〜9月、10〜12月と、一年を4分割して、3ヶ月に1回、ワクワクする予定を真っ先に書き込んでいきます。ここまで走ったらこんな楽しみがある、とにんじんをぶら下げて走ることは、ついだらだらと時間を過ごしてしまう私には合っていると思っています。

また、目標に対して期限を設けることは、その実現に効果的です。私自身、期限の最後の月である3月、6月、9月、12月になると、いつもスイッチが入り集中力が増します。ノートには、手書きの温度感があり、何度も過去を見直し、今を書き加えながら、未来をデザインしていく楽しみがあります。

「何だか最近うまくいかないな」「行動力が落ちているな」と感じるときは、あなただけのノートを作ってみませんか？　書くことで人生が大きく動き出します。

Point

余白を取り戻すマインドケア

紙に書くことで自分を形成していく

ぼーっとする時間を持つ

Mind Care 23

突破口を見つける少しの空白

最近、ぼーっとした時間はありますか？　ぼーっとする時間は心を空っぽにしてくれます。カフェで道行く人をただひたすらぼーっと眺めたり、電車や飛行機に乗って、窓の外の景色をぼーっと眺めたり。

ただただ「今、この時」を感じ、時の流れを味わっているような贅沢な時間です。けれど今、「ぼーっとしている暇はない」という世の中の温度感が高くなってきた気がします。しかし、時短で時間をつくり出しても、またそこに予定を入れて、さらに忙しくなったりしていませんか？　私たちは、毎日、無意識に見たものを頭で評価しています。言葉に出すことはないまでも、快・不快、美しい・美しくない、良い・悪いと判断しています。

これをいったんやめて、ただ心で感じていきましょう。

私は関西に住んでいた頃、疲れるとよくふらりと京都に向かいました。東京では見えませんが、関西では中心部を走る電車からも山が見えました。ガタゴトと揺れる電車から、山を見ているだけでも少しずつ心が癒されていくのがわかりました。京都に着けば、お寺でぼーっと庭を眺めたり、鴨川の土手に座ってひたすらぼーっとしたり。私にとってはとても豊かな時間でした。

京都の歴史を刻んできた空気は、どっしりと私を包んでくれて、安定させてくれるようでした。疲れているときは、ハイテクなものより、古いものに触れたほうが心が和むのだなと感じました。

美術館に行って、絵画を観る時間も贅沢な時間です。絵の前で、ぼーっと立っていると、時空を超えて絵が何かを語りかけてくれているような気持ちになります。美術館の中のカフェは素敵なところが多く、静かで荘厳《そうごん》な空気の中、お茶をするだけで、心も芸術品のように崇高になっていくように感じます。こういったひとりの時間には、何とも言えない心の充足感があります。十分に時間が取れないときは、「あのお寺だけ」「一枚の絵だけ」でもＯＫと欲張らずに出かけます。また行けばいい、とゆったり構えます。

ある女性は、仕事と子育てに追われ、ぼーっとできる時間が持てなかったそうですが、お子さんのお迎えに行くまでの15分間、古くからある近くの喫茶店で、サイフォンで丁寧に淹れられたコーヒーの香りを愉しみながら、ぼーっとする時間を持つことにしたとおっしゃっていました。

この、たった15分が自分をリセットしてくれて、またチャージしてくれるのだということです。短い時間であっても、日常の中でただただぼーっとする時間が持てると、切れ目なくやるべきことに勤しんでいる自分を労ってあげられます。心の栄養と言ってもいいかもしれません。

実際、私は、ぼーっとしている時間に、いいアイデアが浮かぶことが多いのです。クリエイティブな仕事をされているお客様は手ぶらで散歩しているときに新しいアイデアがひらめくとおっしゃいました。

「やらなければならない」ことは満載ですが、どうしても気分が乗らないときは、その自分の感性のほうを大事にしてみませんか。ルーティンが決まっていることでも、ちょっと手を止めて、ぼーっとしてみると、思ってもみなかったような突破口が開くことがあります。

こういった時間に直感で受け取るメッセージは、本当の自分からのメッセージなのかもしれません。

Point

余白を取り戻すマインドケア

時間からの解放が何より豊かだと知っている

宝箱をひらいてみる

Mind Care 24

一瞬で「その時」に戻れる

あなたの思い出の箱、宝箱の中には、何が入っていますか？

私の宝箱の中には、昔もらった手紙が入っています。それは、退職したときに仲間からもらった寄せ書きや、ファッション専門学校の講師をしていたときに生徒からもらった手紙です。その手紙を開くと、甘酸っぱい気持ちが胸に広がります。

ある女生徒は、「先生は一生懸命だったのに、ふがいない自分でごめんなさい。大好きです」と、書いてくれました。本気で叱ったこと、本気で泣いたシーンが活き活きと鮮明に蘇ります。

宝箱は、日常生活を送っているうちは忘れている存在ですが、時折ひらいてみると、無我夢中で生きてきた歴史が詰まっていて心が熱くなり、また頑張ろうという勇気が湧いてきます。

その時代その時代の光景がはっきりと目に浮かんできて、そのキラキラとした瞬間はエピソードとともに宝箱で眠っているのです。

あなたの宝箱には、どんなものが眠っていますか？　お子さんが描かれた絵や手紙、ご家族の写真、お母さまから受け継いだバッグ、自分が働いたお金で買った初めてのジュエリー……。人によって本当にさまざまだと思います。

あるお客様は、上品な古いアンティークの時計をつけていらっしゃいました。「手巻きだから大変なの」と笑っていましたが、大切なおばあさまの形見なのだと話してくれました。いつもは箱の中に大切にしまってあるけれど、自分の誕生日とおばあさまの月命日には必ずつけているのだということでした。

宝箱に入っているものには「ストーリー」があります。人生の中で大切にしている人との絆や心の琴線に触れた時間を切り取ったものは、人生の宝物です。

そんな宝箱や思い出の箱を、ときには眺めてみるのもいいですね。

Point

余白を取り戻すマインドケア

「もの」の「ストーリー」を大切にしている

Mind Care 24

Mind Care 25

響いた言葉を書く

美しい言葉を自分の中に積み上げる

本を読んだり、TVや映画を観たりしているときに、ダイレクトに心に響いてくる言葉に出会うことがあります。

そのときの心理状態で、心に響く言葉は違います。あるときは、自分を鼓舞してくれるものだったり、ときには、自分をラクにしてくれるものだったり、さまざまです。そんな言葉に出会ったときは、ノートに日づけと出典とともにメモをしています。

書くだけでなく、雑誌や新聞の記事を切って貼っておいたり、新年にひくおみくじの中にもいい言葉があったりすると持ち帰って、ノートに貼っておきます。ふと迷ったときや、辛いときに、それらの言葉が背中を押してくれたり、手を差し伸べてくれたりします。

こういった言葉のストックと同じように私の心を引きつけてやまないのが、コピーライターの糸井重里さんの著書「小さいことば」シリーズです。

その中に『ほんとうになにかを伝えたいというときには、絶対に「ことばがきれい」なほうがいい。』(『抱きしめられたい。』ほぼ日)という言葉があって、それは、いつも私の胸にあります。

あるお客様は言葉遣いが本当にきれいで、ご両親から厳しく躾《しつ》けられたとおっしゃいました。きれいな言葉を使うには、この書き留めていく作業は手助けになると思っています。今は、誰もがブログやｎｏｔｅで言葉を発信する時代になり、「語彙力」も注目されています。私はカウンセリングや講師として言葉を使う仕事なので、自分の心が震える言葉を使わないと、人の心は動かせないと感じています。

書き留める作業を続けることで、きれいな言葉をたくさん知り、自分の心に響く言葉を拾っていければ、相手の心に響く言葉も選べるようになるのではないかと思っています。

今、あなたが思い出す、最近心に「響いた言葉」は何でしょうか？

真剣に自分の人生を生きていれば、言葉は体から滲《にじ》み出るものだと信じています。

Point

余白を取り戻すマインドケア

日常的に美しい言葉を丁寧に使う

ピンチのときはチャンス

Mind Care 26

あとから見れば「いいきっかけ」

時間が人生の財産だとするならば、浪費と感じる使い方はどんな使い方でしょうか？　考えてみれば、凹んだ気持ちのまま時間を過ごすことは、残念なムダ使いですよね。こんなときは、「何のチャンスだろう？」と考えることにしています。ピンチはチャンスの前触れだからです。

新人時代、私がお客様から厳しいご意見をいただいたとき、先輩が

「厳しいご意見は期待値の高さだからチャンスに変えることができる」と教えてくれました。

なにかミスをしたときは、「きっと別の形で挽回するチャンスが巡ってくる」ということなのです。

それから、そのお客様がいらっしゃるたび「期待を超えるおもてなしをすること」を考えるきっかけになりました。その結果、そのお客様とは長いお付き合いになりました。まさにピンチはチャンスの裏顔でした。

失恋したときも、新しい出会いへのチャンスです。終わりは始まりですから、より素敵な人と出会う場面がこれからやってくるということです。運命の人と出会うチャンスを手に入れたと切り替えたほうが笑顔になれそうです。

もし、起こった出来事が丸いボールのような形をしているとするなら、半分が黒で半分が白なのです。物事には、きっと両方の側面があるのだと思います。黒いほうから見ると黒いボールですし、白いほうから見ると白いボールです。しかし、黒いほうを見ているときは、反対側の白い面は想像できません。どうしても黒いボールに見えることが多いですね。

また、白いボールであったとしても、そこに一点の汚れや欠けた部分が見えると、そこばかりが気になってしまいます。

人には防衛本能があるからです。

せっかくならば、黒い部分ではなく白い部分を見られるようでありたいなと思います。黒い点や黒い面ばかり見て、前に進めないのはもったいない。人生は短いですから。「こんなことに負けている暇はない」と自分を奮い立たせます。

会社を経営されていたお客様は「ピンチのときに大きく成長できた」とおっしゃいました。従業員がどんどん辞めていったときも、その支払うはずだったお給料で新事業を起こすことができたと話してくださいました。ピンチを「チャンス」と捉えるエネルギーが成功の秘訣なのだと思ったのです。

「チャンス」と思ったときの行動力と集中力は、普段の2倍です。辛いとき、苦しいときこそ「チャンス」と呟いてみませんか。

Point

余白を取り戻すマインドケア

人の長所や物事の明るい面を見る

自分への問いかけを習慣に

Mind Care 27

まだ見ぬ本心に出会いに行く

「コーチング」という言葉を私が知ったのは、2000年頃でした。コーチングとは、目標達成を支援し、個人の能力や可能性を最大限に引き出す人材育成手法であり、コミュニケーションの技術です。

この技術で私が注目したものに、「質問の効果」があります。他者と話していて、思いがけない質問をされ、それに答えているうちに、「私はこんなふうに思っていたのか」と本心に気づいたことがありませんか？

まるで質問が釣り糸となって、潜在意識に眠っていた魚を釣り上げるように。人の顕在意識（自分でわかっていること）は、意識の中の氷山の一角で、潜在意識のほうが膨大だと言われています。自分ではわからない無意識の領域なので、質問によって思いがけない魚が釣り上げられると、当の本人は「こんな魚がいたのか」と、びっくりするのです。

私は、カフェで、あるコーチ（コーチングの技術を修得している人）と話をしていて、こんな質問をされたことがありました。

「その目標達成地点が、あの入口の扉のところだとすると、今いる場所から、何歩で行きたい？」と。

思ってもみなかった質問でしたが、

「うーん、大股で3歩くらいで行きたいです。ちょっと助走して、ホップ、ステップ、ジャンプで」

と答えていました。そして、答えてから、

「ああ、私は助走が必要だと思っているんだ」
「期間は、3ヶ月くらいで達成したいと思っているのかも」
と気づいたのです。これは、コーチに質問されなければ気づかなかったことです。この後、その課題については、具体的に行動に移すことができました。

どんなに他者から「こうしたら？」と言われてもピンと来ない場合でも、自分で気づいて言葉にしたことは、腹に落ちます。

また、セルフコーチングといって、自分への質問も効果的です。
「この先、どうなるんだろう」と不安に思ったときは、「私は、どうしたい？」と自分に質問するのです。

すぐに答えは出なくてもいいので、不安なときは「主語を自分」に変更します。人生を主体的に動かしていくのは「自分」だからです。

あるお客様は、「あなたはどう思う？」といつも質問してくれたことを覚えています。質問されると「私の考えを尊重してくれている」と思えたものでした。

質問は、自分にとっても相手にとっても重要なコミュニケーションツールなのです。

今は、スマートフォンで検索すればすぐに答えを教えてくれる時代です。答えの出ないことを考え続けることは苦手な人が多いと感じます。

だからこそ、自分への質問を習慣にできると、「本当の自分」が答えを教えてくれます。

Point

余白を取り戻すマインドケア

「質問」は人生を変えるきっかけになる

フィクションに浸る

Mind Care 28

好きなだけ、遠くへ行ける世界

私は、ドラマや映画のシナリオに興味を持ち、シナリオ教室に通っていたことがあります。

シナリオの世界では、自分が思ったようにストーリーを展開させることができるので、書いていてワクワクします。浄化作用もあります。俳優さんがいろんな人生を演じることが楽しいとおっしゃるように、自分がつくり出すフィクションの世界は、果てしなく自由で不可能なことはひとつもありません。この万能感は快感です。

弱い自分がいるときは、好戦的な主人公にどんどん戦わせて、勝ち続けていくストーリーを書くとスッキリしますし、過去に伝えきれなかった思いは、台詞として書くと報われる気がしました。

そんなストーリーを考えているうちに、自分の弱さの原因に気づくこともあれば、また立ち上がる強さを自分の内に見つけたりすることができるのです。

脚本を書くのは、私にはできないと思われた方もいらっしゃるかもしれません。でも、なにも脚本でなくてもいいのです。

人には「物語欲」があるのだそうです。ストーリーをつくる欲望です。

小さい頃、誰もが「ままごと」をして遊んだ記憶があるのではないでしょうか。お母さん役になって「早く起きてね」と、いつも母に言われていることを友達に言ってみたり、パン屋さんになって大好きなクリームパンをいくつも作ったり……。仮想世界でストレスを解消したり、欲求を満たしたりしていたのです。

ですが、大人になって歳を重ねるにつれ、「こんなことはありえない」と、自由に物語をつくる欲を抑えてしまっているのではないでしょうか。

妄想は自由で、限界はありません。

例えば、ダイエットをする場合も、「痩せて美しくなった私が、日本にお忍びで来ていた推しの韓国アーティストに見初められる」というストーリーをつくり、勝手にワクワクすると、いいイメージトレーニングになりそうだと思いませんか？

根拠のない自信は妄想から生まれることが多いと思いますが、それは意外と強いものだと私は思っています。ワクワクした気持ちで行うイメージトレーニングは現実を引き寄せるので、きっと素敵な人に出会えるのではないでしょうか。

日常のなかにも、フィクションに浸る機会はたくさんあります。

小説や映画は一番身近なものかもしれませんね。まったく違う世界にどっぷり浸ることができるのが魅力的です。ディズニーランドのようなテーマパークも日常を忘れさせてくれます。大声で叫んだり、笑ったり、ミッキーマウスと一緒に踊ったり、感情を解放することはストレス解消にもなります。

あるお客様は大の宝塚ファンで、足しげく公演に通い、いつもキラキラと輝いた瞳をしていらっしゃいました。あのゴージャスで唯一無二の世界観がキラキラした自分をつくってくれるのでしょう。

フィクションの中で理想の主人公になってみる。

そんな時間が、また現実に向かい合うエネルギーをくれるのです。

Point

余白を取り戻すマインドケア

妄想は想像以上にチカラをくれる

Mind Care 29

悩んだら、自分を遠くから見る

一度、視点を変えてみる

悩みは人それぞれ千差万別です。これを飲めば一発解決という特効薬があればと何度も思います、一度暗いトンネルに入ってしまうと、出口はいったいどこなんだろう?とその場所が果てしなく遠く感じるときもありますよね。けれど、その出口は必ずあります。

今抱えている悩みは、今このときに通り過ぎるべき課題であり、宿題のようなものです。きっと10代や20代で悩んでいたことには、もう今は悩んでいないはずです。

私は、どこかの本で読んだ「めげているだけの時間は何も生み出さない」という言葉が、心に残っていて、「トンネルに入ったな、一人では堂々巡りだな」と感じたら、友人を誘ってご飯を食べながら、気持ちを聞いてもらうことが多いです。気の置けない友人と話しているうちに違う視点に気づいて、自分で解決策が見えてくることもありますし、「まあ、たいしたことないか」と思えたり、笑い話になったりするようなときもあります。友人に会うまでは濃いと思っていた悩みの濃度が薄まり、心に重く沈殿していたものがろ過されていくような感覚になります。こういった友人の存在がどれだけありがたいかは言い尽くせません。

いざというときに悩みを聞いてくれる友人を持つには、相手が悩んでいるときにはこちらも時間をつくり、親身になって聴くことがやはり大切だと思っています。いつも多くの仲間に囲まれていたお客様は、惜しみなく大切な友人のために多くの時間を費やしていました。「一番のギフトは時間」だとおっしゃいました。

キャリアカウンセラーという仕事柄、悩みを聴くことが多いのですが、そういうとき、悩みをペットボトルのような形に例えながらお伝えすることがあります。ペットボトルは横から見るか、上から見るか、底の部分から見るかで、それぞれ形が違います。見る方向や角度を変えれば、解決策が見えてくることがあるからです。

例えば、「その上司の立場に立ってみたら、今のあなたに、どんなアドバイスする？」または、「神様が特別に10歳若くしてあげると言ったら何をしたい？」と立場や時間軸を変えてみるとはっとすることがあります。

こんなことがありました。

仕事で忙しい彼との関係に悩んでいる女性で、「メールの返信は遅い、疲れているのか、休日はデートしていても眠そう、楽しくない」と悩ん

Mind Care 29

でいました。そこで私は、「この悩みを、もし友人から相談されたとしたら、何てアドバイスしますか？」と聞いてみたのです。

そうすると、彼女は「今日もお疲れさまと、労りのメールだけ送って適度な距離を置く。当分は、デートは家で料理をつくるなど、癒してあげることに徹する」と答えたのです。友人の悩みと考えると、客観的なアドバイスができることがあります。

悩みは一歩引いて俯瞰することで解決策が見えてきます。答えは、自分自身が持っています。神様は、乗り越えられない課題は与えないと言いますが、今の悩みはもっと輝くための通過点なのでしょう。

トンネルの向こうには、まだ見たことのない景色が広がっているのだと思います。

Point
余白を取り戻すマインドケア
悩みは他者の鏡に映し出してもらう

自然と溶け合う

Mind Care 30

壮大なものに包まれる

最近、自然と触れ合う時間はありますか？

日本では四季があることに、改めて感謝します。

春は桜の下で花見をし、夏には太陽を浴びに海へ繰り出し、秋は紅葉に染まった道を散策し、冬には雪山でスキーやスノーボードを楽しむ。

自然に触れ、季節を感じるイベントは、非日常感があります。

また、都会に住んでいたとしても、少し足を延ばせば四季折々の自然を感じることができます。

自然の中にいると、命の尊さを感じるので、生きていることに改めて感謝することができます。人は自分自身も自然の一部なのだと実感できたときに、自分の存在を愛しく思うことができるのではないでしょうか。

私は、以前、屋久島で登山をしたことがあります。

悩んでいた時期に、登山が大好きだったお客様にすすめられ、屋久島の空港に降り立ちました。何を悩んでいたのかは、もう忘れてしまったのですが（昔悩んでいたことでは、もう今は悩んでいないと思うと勇気が出ます。「悩んだら山に登るのよ」と言われたのです）、空港から一歩出ると、濃密な湿気と水蒸気の立ち込める匂いと、素朴ながらも活き活きとした山々の威風堂々とした佇まいに、まずは圧倒されました。

映画『もののけ姫』の舞台ともなったと言われているこの島は、まさに神々の島であるように、そこにいるだけで魂が浄化されていく感覚でした。

精霊が住むと言われる森の中、山頂を目指して歩いていたときに、私の足元を小さなトカゲが走っていきました。何百年と生き続けている立派な縄文杉の前を横切っていくそのトカゲの存在は、とても小さく見えました。

「ああ、私の存在なんて、宇宙から見れば、このトカゲのようなもの。こんな小さな頭で、何をくよくよと考えているのだろう」

と、その瞬間に悩んでいることがばかばかしくなったのです。大自然の中にいると、自分がちっぽけに思えますよね。人間は自然の一部なのだということは、つい忘れてしまうことですが、わたしたち自身も自然の大きな摂理の中で生かされている、かけがえのない命です。よく、使命といいますが、せっかくいただいた命を何に使って生きればいいのかをその時は考えさせられました。

くよくよしていても、笑っていても、時間は同じように過ぎていきます。悩んだら、自然の中に身を置いてみる。そうすると、いろんな要らないものがそぎ落とされていくのではないでしょうか。

Point

余白を取り戻すマインドケア

自然の中で生かされている命に感謝する

Part 5
今を喜ぶ

今、この瞬間を感じる

Mind Care 31

どんな波もそのまま受け止める

「ひと息入れる」という言葉があります。忙しいときに、たとえ1分でも目を閉じて、ゆっくりと呼吸に集中するだけでも心のブレイクタイムになります。呼吸だけを感じて、努力や頑張り、目的を手放して、ただここにいる今の自分の状態を感じていきます。呼吸は生まれたときから始まり、生きている限りずっと続いているものです。

当たり前のように思いますが、呼吸しているということは、今、生きているという証です。

呼吸できている今に、感謝します。

頭も体もスイッチオフにするコツは、「doing」（すること）から「being」（在ること）へとシフトすることだと、お客様だったヨガの先生に教わりました。

ただそこに存在しているモノやコトに対して、在りのままを受け止め、ジャッジしないということです。けれど私たちは自分にも人にもモノにも状況にも常にジャッジして疲れてしまっているのではないでしょうか。

例えば、海に出かけたとします。目の前には大きな海があって、波を見ています。そんなとき、「あれは、いい波」「これは、悪い波」と決めたりはしませんよね。ただ打ち寄せる波を見て、自然の雄大さ、偉大さを受け止めるだけです。同じように私たちの心にも、毎日、いろんな波が打ち寄せてきます。心という海にも、いい波も悪い波もないのです。

いろんな感情があっていいはずです。打ち寄せては消えていく波のように、嫌な気持ちもやがて消えていくでしょう。永遠に続くものは、この世にはないからです。

私は、海をずっと見ていると自分を許せる気がしてきます。

ダメな自分、情けない自分と感じてしまう時ほど、自分で自分をジャッジしなくていいんだなと思えます。海は「どんなあなたでもＯＫ」と受け止めてくれています。ゆったりと「今」「この瞬間」を味わいつくしましょう。二度とない時間を生きているのですから。

Point

余白を取り戻すマインドケア

「今」「この瞬間」を大事にする

Mind Care 31

ひとりごとを意識する

Mind Care 32

セルフトークが未来をつくる

人は、一日に4万~6万もの膨大なセルフトークをしていると言われています。セルフトークというのは自己対話、無意識のひとりごとのことです。

「嫌だな」「つまらないな」という無意識でのひとりごとは、自分の貴重な一日を台無しにしてしまうことがあるのだと知りました。

先週のひとりごとを振り返ってみませんか。先週の予定を思い出してもらうと、あの日あの時どんな感情を持っていたか思い出しやすいかもしれません。

あなたが職場やプライベートな場面で呟いたひとりごとはどんなものだったでしょうか？

「この仕事って面白くない」「私は役に立ってない」というようなネガティブなものだったでしょうか？　それとも、「朝起きて、行くところがあって嬉しい」「私は人に恵まれている」というようなポジティブなものだったでしょうか？

この、無意識のひとりごとは、無意識だから怖いなと思います。ネガティブなひとりごとを続けていれば、心のなかからやる気を奪ってやがて行動を減速させ、停滞させる原因になるかもしれません。反対に、ポジティブなひとりごとを続けていれば、行動を加速させ、日々の活力になるはずです。素敵なお客様は、「やっぱり言霊《ことだま》ってあるから」とおっしゃいました。調子のよくないときでも「このくらい平気」と呟くと、

Mind Care 32

体も動いてくれるのだと。

無意識なひとりごとだからこそ、自分が普段どんなひとりごとを呟いていたかを改めて書き出してみて、ちゃんと意識することで状況は変わっていきます。


未来のことを考えすぎて、ふと不安になるときが誰しもあると思います。そんなときもポジティブなセルフトークに変換して、

「きっと大丈夫」

「うまくいくわ」

「もっと自信を持って」

「よくやってる」

「夢に近づいているわ」

などと、自分へエールを送ることをおすすめします。

毎日、ポジティブなひとりごとを呟いていると、ポジティブ癖がつい

てきます。無意識に呟いているひとりごとを、意識することから始めませんか。言葉次第で行動が変わり、未来は変わっていきます。

Point

余白を取り戻すマインドケア

幸せはポジティブなセルフトークでつくる

Mind Care 32

いいことを抽出する

Mind Care 33

「幸せだらけ」にする簡単な方法

若い頃は、「何かいいことないかな〜」と、友人と会うたびに、いつもそう呟いていたような気がします。その頃の私は、日常は平凡なもの、ときめかないものと決めつけていて、非日常的な刺激を求めていました。

非日常的な毎日を送っている人が持っているものが羨ましく見え、私には「何もない」のだと思っていました。

けれど、今思えば、実はたくさんのものを持っていました。

それは若さや時間や体力です。今では大金を出してでも手に入れたいような貴重なものばかりです。当時の私は、自分の若さやたくさんの時間があること、動き回れる体力があることの価値を感じていませんでした。

焦っているときや不安なときは、「ない」ことに焦点を当てていますから、意識的に「ある」ことに焦点を当てます。

日常の×を探すのではなく、○をどんどん探していくのです。

「お金がない」「時間がない」「余裕がない」と、「ない」ことに焦点を当てていると、毎日がつまらなくなっていきます。そうすると、顔つきもだんだんと不満顔になり、「私だけが不幸」「私だけがついていない」と、他者と比べるようになってしまいます。

ですが、「ある」に焦点を当てると、少し明るい表情が戻ってきます。

「今日も美味しいパンを食べられる」

「ゆっくり寝られる場所がある」

「愚痴を聞いてくれる友人がいる」

こんなふうに小さな幸せの種を見つけると、そこからどんどん好転していきます。私はなぜか天気運がよく、旅行やちょっとしたお出かけなどのときは、決まって晴れています。ですから、旅行先でトラブルがあったとしても、「こんなに天気がいいんだから、いいこともあるはず」と思えるのです。

どんなに小さなことでもいいので「私は運がいい」「私はついている」ということに焦点を当ててみませんか。「そういえば、今日は信号が青ばかりだ」「そういえば、ピンチのときはいつも人に助けられている」と見逃してしまっている○を探します。「私は運がいい」という思い込みから、すべてがいいように回り出すのです。そうすると、「待たずにエレベーターがすぐに来た」「人気商品がラスト1個で買えた」など、小さな○を見つけることがどんどん上手になっていきます。

「私はくじ運がいい」と思っている人は、たいていい何かが当たりますし、「私は金運がいい」と思っている人は、お金と相思相愛です。

人にもお金にも愛されていたお客様は皆、「私は運がいい」とおっしゃいました。

「根拠のない思い込み」でいいのです。

「根拠のない思い込み」でも本気でそう思えば、ハッピーを引き寄せます。○や◎をたくさん見つけると、「何だか、私、いい感じ」と、心の鏡がピカピカになっていくのです。

数年前の「生まれ変わるなら、生きているうちに。」という長崎駅ビル（アミュプラザ長崎）のキャッチコピーが好きです。

ついていないときは、いいことを抽出して、何度でも良い運を引き寄せて生まれ変わりましょう。

Point

余白を取り戻すマインドケア

「私は運がいい」と本気で思い込む

Mind Care 33

Mind Care 34

成功で次の成功を呼び寄せる

普段できないことを味わって

「仕事が成功したら、願いを叶えよう」と誰かが言ってくれるなら、あなたはどんな願いをリクエストしますか？　私は南国の風や空気に触れて、頭も心も体も解放できるような旅をして、ひとり時間を味わいつくしてみたいです。

知人の女性たちにも聞いてみたところ、旅行の他には、エステやネイルサロン、美容室などでお姫様気分になれる時間を過ごしたいといった声や、とっておきのレストランで食事をしたり、ずっと欲しかったものをご褒美に買いたいという声がありました。

大きな成功でなかったとしても、「やった」と思わず笑みがこぼれ、小さくガッツポーズできるようなときは、思いっきり自分を甘やかしてあげてもいいのではないでしょうか。

あるお客様は、「成功したときの乾杯は、やっぱりビールよりシャンパンね。それもとっておきの」とおっしゃいました。

ある女性は、仕事で成功したときのお祝いは、午後から半休をとって、お気に入りのケーキ屋さんでちょっとリッチなケーキを大人買いして、家で『プラダを着た悪魔』や『プリティ・ウーマン』『マンマ・ミーア！』などの気分が上がる映画、女性がハッピーになる映画を観ながら、好きなだけケーキを食べて過ごすのだと言っていました。

そういったハッピーな映画を観ていると、「仕事だけでなく、きっとプライベートもうまくいくだろう」と思えてくるのだそうです。実際、こういうご褒美の時間を過ごした後はオセロの黒が白に変わるように、いいことが次のいいことを引き寄せてくるのだと話していました。

確かに、流れがいいときには、次々にいいことが起こりやすくなります。いわゆる「のっている」状態です。こんなときは、少し大胆に次の行動をしてもいいですね。前述のお客様は、「うまくいっているときは、次の『成功』をイメージすることが大事」とおっしゃいました。「これで十分」と思わずに、もっと欲張っていいのです。

いいときには、たくさんのものを掴みとっていきましょう。

成功したときほどご褒美で気分を上げて、強い握力を発揮しましょう。

Point

余白を取り戻すマインドケア

成功している人は、幸運の握力を鍛えている

Mind Care 35

上質の普段使いをする

気分を上げる小さなご褒美

今日、これができたら○○をしよう。そういう小さなご褒美が自分の士気を上げてくれることがありますよね。気分が乗らないときは、人参をぶら下げて走ります。

「小さな日々のご褒美と言われたら、何を連想する？」と友人たちに聞いたところ、

「コンビニで買うハーゲンダッツ」

「プレミアムビールで乾杯」

「とっておきのフェイスシートパック」

「バラの香りの入浴剤」

など、大きくは食べ物関係と美容関係に分かれました。やはり女性にとって、食と美は気分が高揚する二大テーマですね。そのほかにも、

「普段使いしない伊万里焼のお皿で夕飯を食べる」

「高級ボールペンを使って仕事をする」

など、自分のこだわっているものを、ちょっとランクアップさせて楽しむという女性もいました。どんなに小さなことでも「いつもと違う」「ちょっと特別」と感じることは、なんだか嬉しくなりますね。「ひとりの時間がご褒美」と話す、子育て中の友人もいました。

私たちは、「毎日の生活をもっと丁寧に、余裕を持って……」と思っていても、なかなか難しい世の中です。

女性の社会進出が当たり前の時代になり、私たちに求められることは、

以前に比べて多くなっているように感じます。

いくつになっても綺麗でおしゃれなワーママでいることは当たり前、すてきな奥さまであり、優しいママでもあり、会社ではいい先輩や尊敬される上司でなければならない。そんな世間の期待に応えなければならないと、無意識に刷り込まれているのかもしれません。

けれど、すべてを完璧にこなすことはできません。それならば、何かは潔く諦めます。そして何かひとつだけ、こだわりのあるものを心から楽しむ余裕が持てればと思うのです。

ある女性はバルミューダのトースターを買って、毎朝、パンの好きなお子さんたちとトーストを焼いて食べる時間を持つことにし、1時間、早起きするようになったと話していました。いろんなパン屋さんの食パンを買って、楽しんでいるそうです。機能性だけでなくデザイン面でもおしゃれなものは、テンションが上がるので気持ちをグレードアップさせてくれます。

またあるお客様は眠りが浅いことが悩みで、思いきってベッドを処分し、畳で寝るようにしたそうです。マットレスや枕、布団一式を買い替えたところ、今では深く眠れるようになり、結果的にはコスパのいい選択だったということでした。確かに、眠っている時間は人生の3分の1にもなります。深く眠り、すっきり起きられるのならば、人生のクオリティが確実に上がったと言えるでしょう。

こんなふうに、毎日の暮らしの中で、少し上質なものを普段使いすることは、丁寧に暮らす意識を高めてくれます。

私のお話もすると、憧れのマグカップを少しずつ揃えています。一日が始まる朝食の時間に何よりも幸せを感じるからです。今朝はどれにしようかと迷う時間も豊かに感じます。上質なマグカップは、一日の始まりに心の余白と彩りをあたえてくれます。また、お気に入りのタンブラーにルイボスティーを入れて、チョコレートと一緒に持ち歩くようにしたら、すき間時間が楽しみになりました。

ちょっとした時間を上質に楽しむことは、活力にもなります。自分だけのささやかなご褒美を、日々楽しんでみませんか。

Point

余白を取り戻すマインドケア

大切な時間の上質なものを選び抜く

Mind Care 35

Part 6
心の栄養をとる

Mind Care 36

自分だけのパワースポット

人それぞれある、お気に入りの空気感

あなたのパワースポットはどんな場所ですか？

私の一番のパワースポットは神社です。特に信心深いわけではありませんが、神社の空気感が好きです。午前中は空気が澄んでいて、心が洗われ、浄化されます。砂利を踏みながら神殿に向かって歩いていると、その音を聞いているだけで、何かが一掃されていくような感覚になります。

「ここがパワースポットです」と誰かに指定されなくても、自分がパワフルになれる、元気になれる場所は、それぞれにあるのではないでしょうか？

神社だけでなく、私にとっては皇居周辺や表参道、六本木ヒルズもパワースポットです。皇居周辺は緑も多く、清々しい雰囲気がありますし、表参道は明治神宮から流れてくるパワーがみなぎっているように感じます。そして、六本木ヒルズはお気に入りの店舗が集まっているからでしょうか。この感覚は、個人的な好みや思い込みで十分だと思うのです。

展望台や高層ビルの屋上など、遠くが見渡せる場所や、お気に入りのベンチがある近所の公園や夕陽がきれいに見える坂道など、エネルギーをチャージできる場所は遠くに行かなくても、それぞれの暮らしの近くにあるのではないでしょうか。

自分だけのパワースポットに共通しているのは、きっと「空気感」です。

そこには癒される空気や、元気になる粒子みたいなものが飛んでいるのでしょう。

私の場合は、その空気を吸うことで胸の中にあった黒い色のモヤモヤが吐き出され、金色の空気を新しく吸っているような気分になります。

ですから、住んでいる場所というのは、とても大事だと思っています。

その街の空気感が、日常の自分をつくってくれるからです。

いつも住む場所を決めるときは、その街の空気感にお金を払いたいかを考えます。同じ条件の物件が3つの街にあったとしたら、空気感はそれぞれ違います。ほのぼのとした癒される空気や、雑多で混沌とした中にあるパワーに満ちた空気、自然がたっぷりとある瑞々しい空気。「自分がどうなりたいか」によって選ぶことが大事だと思います。お客様の邸宅は建物が立派なだけでなく何ともいい空気が感じられ、私にはパワースポットでした。

いつか住みたいと思う街があったら、その街の花屋さん、本屋さん、パン屋さんなどを巡ったり、カフェでお茶を飲んだり、雑貨店を覗いたりと、憧れの街の空気感に浸ってみてはいかがでしょうか。

憧れの街はきっと、あなたのパワースポットです。

元気がほしいと思った休日には、ぜひチャージに出かけてみてくださいね。

Point

余白を取り戻すマインドケア

場所が持つ空気からチャージする

大切な言葉を反芻する

Mind Care 37

迷ったときは、立ち戻る

「あなたの座右の銘は？」と聞かれたら何と答えますか？「座右の銘」とは、いつも心にある大事な言葉であり、英語の「モットー」のようなものです。自分を励ましてくれたり、行き詰まった時のヒントになったりします。

成功しているお客様は皆、揺るぎない信念を持っておられ、それに誠実に行動されていました。

私は、なかなかひとつには決められないのですが、まず挙げるとすると、マザー・テレサの言葉です。プラス思考のときばかりではないですから、偉大な彼女の言葉は、落ち込んだときの自分を救ってくれます。研修やセミナーでは、最後にこれらの言葉をご紹介することもあります。

「思考に気をつけること。それはいつか言葉になるから。言葉に気をつけること。それはいつか行動になるから。行動に気をつけること。それはいつか習慣になるから。習慣に気をつけること。それはいつか性格になるから。性格に気をつけること。それはいつか運命になるから」

「愛されるために、自分と違ったものになる必要はありません。ありのままで愛されるには、ただ心を開くだけでいいんです」

「説教しても、それだけでは触れ合う場にはなりません。それより、ほうきを持って誰かの家をきれいにしてあげてください。その方がもっと雄弁なのですから」

「笑ってみて。笑いたくなくても笑うのよ。笑顔が人間に必要なの」

「心が楽しむことは、どんな美容法にもまさる効果があります。いま、この時を楽しく過ごしましょう」

「いかに、いい仕事をしたかよりも、どれだけ心をこめたかです」
（以上、もりたまみ著『幸せになる勇気　超訳マザー・テレサ』泰文堂）

これらの言葉は、身近にある小さなことを大切に、丁寧に、毎日を生きていこうと思える言葉です。

人生には予行練習がなく、本番一回きりです。

Mind Care 37

マザー・テレサの言葉に触れると改めて「私たちは幸せになるために生まれてきたんだ」と教えてくれます。また、ひとりでは幸せになれないことも教えてくれます。私たちは、たくさんの人に支えられて、生かされているのだと感じます。自分がいろんな人に支えられている。そのことに改めて気づくには、人間関係を可視化してみます。

私のセミナーでも取り入れている「繋がりマップ」をご紹介します。

まず、紙の真ん中に丸く円を書き、そこに「私」と書きます。

そして、そのまわりに、自分と繋がっている人、支えてくれている人、頼りにしている人、アドバイスをくれる人、応援してくれる後輩、お世話になった人、憧れの人などを自由に書き込んでいきます。

無意識に「私」の上に書いた人は、先輩、上司といった自分を引き上げてくれる人たちだったり、「私」の下に書いた人は、後輩など、支えてくれる人たちだったりと、書く場所からも気づきがあります。横には、切磋琢磨してきた同僚や同志のような仲間など、あらゆる方向から支えられていること、繋がっていること、パワーをいただいていることが目で確認することができ、感謝の気持ちが湧いてきます。

マップを書きあげ、それを見ながらひとりひとりの顔を思い出していくと、「もっと大切にしよう」「改めて御礼を言おう」「成長して、お返しできるようになろう」と思うのです。

言葉は、他者とのコミュニケーションツールです。大切な人と深くつながるためにも、大切な言葉はいつも心で温め続けていきたいものです。

Point

余白を取り戻すマインドケア

心に「大切にしたい言葉」を置いている

友人に連絡してみる

Mind Care 38

大人だからこそ遠くも近くもない関係

これまでの人生、友人との数えきれないやりとりに、ずいぶん助けられてきました。

あなたにとっても、友人との時間は、なくてはならないものではないでしょうか。

愚痴も、YES／NOも正直に言える信頼関係のある友人とは、しょっちゅう会うことはなく、しばらく会わないことが多いのですが、良い距離感と温度感が、長く保たれていると感じます。

温泉のように熱くもなく、冷たくもない関係です。

ちょっと冷たいかなと思えば温めますし、熱すぎると感じたら冷まします。よく「人との距離感がわからない」と相談されますが、トライ&エラーの繰り返しが必要かもしれません。

少し離れてみたり、また歩み寄ったりしながら、お互いにとって心地よい距離感を見つけていくのが一番ではないでしょうか。どんなに親しい間柄でも、近すぎないことは大事で、一定の距離感を保つことは長く続けるコツです。何もかも知ろうとしないことです。長く関係を続けている友人は、あなたにとって尊敬できる部分があったり、元気やパワーをもらえたり、違う視点を与えてもらえたり、癒してくれたりする存在なのではないでしょうか。それはお互いが大人として自立（自律）しているからです。

大切な友人としょっちゅうは会えなくても、「会わない時間もきっと彼女らしく頑張っているんだろうな」と思えるから、いい刺激になります。もし友人も自分のことをそんなふうに思っていてくれたなら、どんなに長い間会わなくても同じ温度感で再会できます。

ただ、お互いのライフスタイルが変わったり、価値観が以前とは変わっていったりするということは当然起こります。友人は「私のことを何でもわかってくれているはず」という期待感が大きすぎると、期待通りの反応がもらえなかったときに、がっかりしてしまいます。一定の距離感があれば、期待せずにいられます。期待はいつか依存になりかねないので、期待する関係より、信頼できる関係が理想です。

あるお客様は、「洋服を一緒に買いに行く友人」「好きなアイドルが同じ友人」「山登りをする友人」など、それぞれの分野限定の友人として、適度なゆるさでつながっているとおっしゃいました。

よき友人は、人生の財産です。

「最近少し息切れしているな」と思うようなら、あなたの大切な友人に連絡をしてみて、お互いをねぎらい合う時間が持てるといいですね。
人生の幸福度は友人なしには語れません。ある高齢の俳優さんが「人生は五勝四敗一分け」が理想だとおっしゃいました。喜びも悲しみも分かち合える友人が一人でもいれば、幸せな人生なのではないでしょうか。

Point

余白を取り戻すマインドケア

友人とは心地よい距離感で付き合う

Mind Care 38

広い場所へ出かける

Mind Care 39

視野が狭くなったら、すぐに

最近、空を見上げたことはありますか？

ある花火師の方は、「多くの人に空を見上げてほしいから、花火を打ち上げる」とおっしゃったそうです。

下を向くと足元しか見えませんが、上を向くといろんなものが見えてきます。都会の空は、高層ビルの間からしか見えませんが、ある日郊外の街に出かけて大きな空を全身で見たとき、心に大きなスペースができたと感じました。

心が狭くなっていると感じるときは、視野も狭くなっているので、そんなときこそより広いところへ、より遠くへ目を向けてみませんか。

空や海は、どこまでも果てしなく続いていて「永遠」を感じます。公園の、たっぷりとした緑や、活き活きとした植物や花からもパワーをもらうことができます。東京は大都会ですが、想像以上にたくさんの公園があり、たくさんの人がくつろぐ姿を目にします。きっと心のオアシスにしているのでしょう。何もせず、広い場所で日光を浴びていると、不思議とハッピーホルモンが充満してきます。

どんなきれいな水でもひとところに放置していると次第に澱んでいきます。人間の体の大半は水でできていると聞いたことがあります。それならば、私たちも同じように、ずっと狭いところ、暗いところ、日の当たらないところにいると、思考までがどんよりと湿気を含んだように重苦しくなっていきます。

Mind Care 39

だから、澱まないように体を動かして、心にも風を通しましょう。

これを体現しているような番組を以前TVで見たことがあります。そこに登場していた都内に住む女性は、休日も狭い家に閉じこもりがちでした。漫画が大好きでインターネットでしか人と繋がっていなかったのですが、番組の企画で3ヶ月間、都心を離れ、郊外に住んで仲間と一緒にサーフィンをするということを始めたのです。最初、彼女は居心地が悪そうで、家の中では相変わらず漫画ばかりを読む日々でした。慣れない環境に随分、戸惑っていることが窺《うかが》えましたが、それでも太陽と青い空と海という環境の中で、どんどんと彼女の表情が明るく変わっていったのが印象的でした。

自然の中にいても、明日への不安を抱えていたら、目の前の自然のすばらしさを堪能することはできません。いったん心の荷物を置いて五感をひらけば、全身で風や光や匂いや音を感じていけるのです。

小さい頃は、海や公園で無我夢中で遊んでいましたよね。あの感覚です。

「考えすぎてるな」「答えは見つからないな」と思ったときこそ、広い場所に出かけてみませんか。

お客様の中には、豊かな自然のある場所に別荘をお持ちの方もたくさんおられて、週末はそこで過ごされると話されていてうらやましいと思っていました。「自然の中でこそ本当にリセットできる」とおっしゃいました。今はリモート化も進み、条件がととのえば二拠点生活も可能な世の中になりました。心豊かなライフスタイルを考えたとき、「自然との共存」は大きなテーマになる気がします。

Point

余白を取り戻すマインドケア

疲れたら、空を見上げる

Mind Care 39

好きなら、やってみる

Mind Care 40

気負わず、身近なところから

大人になった今、「夢は何ですか？」と聞かれたら、即答できない方も多いのではないでしょうか。

私の子どもの頃の夢は、ファッションデザイナー、アイドル歌手、CAさんなど。何にでもなれる気がしていましたが、大人になるにつれ「これは無理」と現実を知って最初から諦めることに慣れていったような気がします。

大人になってからは、こんな夢の叶え方があるのかと思った出来事がありました。「名刺にイラストレーターと書けば、私は今日からイラストレーターだから。でも売れてないけどね」と言って笑っていた知人は、今や売れっ子のイラストレーターです。

そのとき、「なりたいものがあるなら、まずは名乗ってしまう、とりあえずスタートしてしまう」ということが大事なんだなと思ったのです。そして、「小さくてもいいから、自分サイズで始めてみる」「マイナーなところから、軽くスタートしてみる」ことで、夢は現実となっていくのではないでしょうか。

誰もが最初は、「お客様はひとり」だったのです。

近年は、起業や副業を始める人も多くなりました。

料理好きのお客様は、自宅に友人を招いてマクロビオティックのランチ会を定期的に開いていました。「教えてほしい」という人が増えていき、料理教室を開催したことをきっかけにスクール化し、今やお弟子さんもたくさんいて、ケータリング事業にも参入しています。彼女は全国展開という大きな夢を持っているそうです。

「夢は特にないです」という人も、好きなことの芽を見つけて、それを育てていくように、楽しみながら長く水をあげていくと、花が咲き、実のなる日が来るのではないでしょうか。好きなことは夢に直結しているので、好きなことを続けていると、その延長線上に夢の輪郭がくっきりと見えてきます。

「好きなことが見つかること」は、人生ではとても嬉しいことです。人生で好きなことが見つかったら、それはとても「ラッキー」なのです。

そして、その「好きなことを続けられる環境をつくること」は人生のテーマになります。

好きなことをしているときは誰しも充実しているので、時間があっという間に過ぎていきます。もし、「夢中になれることがない」「好きなことが見つからない」という人は、まずは、何でもいいので、気になったことをやってみることをおすすめします。

無料体験やお試しの習い事、イベントなどに、どんどん参加してみましょう。「違ったな」ということもありますが、これに気づくだけでも0・01メートル進んでいます。「合わない」ことがわかるだけでも好きなことがわかりはじめるきっかけになります。「意外と楽しめた」ということもあるので、やってみないとわかりません。最初から、「私にはこれは合わない」と決めつけてしまうと損だと思います。

洋服でも、気になるものがあると、私は必ず試着します。着てみないとわからないからです。私が出会ったお客様たちも気になっているお洋服はその場で必ず試着されました。「一見普通に見える洋服こそ、着てみないとわからない」とおっしゃいました。

「ずっと気になっていた」は今、この瞬間で終わりにしませんか。

夢を持って挑戦してみる第一歩は、きっと心の新陳代謝も活性化してくれるはずです。

Point

余白を取り戻すマインドケア

気になったらその場で片袖だけでも通す

大切な人へ思いをめぐらす

Mind Care 41

あなたが仕事を頑張れるのはなぜ？


あなたはどんな時に「大切な人」の顔を思い出すでしょうか？　私は、旅に出る前の空港、満開の桜の下、月が美しい夜道です。

大切な人は会えなくなっても、健康に恵まれ、あの頃の夢を叶え、充実していてほしいと思います。

神社でお参りをするときも、「大切な人が幸せになれますように」と願うと、心がじんわりと温かくなるような気がします。

昔は、100%、自分のことを祈っていました。今のように「誰かのために」という発想は、あまりありませんでした。自分のアイデンティティを見つけることに精いっぱいだったと思います。

ひとつの転機は、あるとき、仕事で自分の人格を否定されるような出来事に遭遇したことです。

そのときは、仕事が好きな私も、職場へ行くのが嫌になってしまいました。そこへ先輩から、「あなたを待ってくれているお客様がいるのよ」と言われ、その言葉に背中を押されて、仕事に行くことができるようになりました。それは、いつも私をご指名くださり、可愛いお嬢さんと素敵な旦那様と一緒に足繁く店に通ってくださっているお客様でした。いつもご機嫌で温かく、笑顔がチャーミングな奥様でした。

いざそのお客様をお迎えすると、「おしゃれを楽しむ店内で、暗い顔はしていられない」と、自分がここにいる意味を改めて考えることができました。それは、「自分が評価されたい、認められたい」という自分軸と、「誰かのために頑張る」という相手軸との違いがわかるきっかけになった出来事でした。

当時は、会社に辿り着くのがやっとという日もありましたが、心が相手軸にシフトしていくにつれ、だんだんと気持ちも落ち着いていきました。

「誰かのために」を原動力に働くことは、「自分が評価されたい」という気持ちの何倍にもなって、自分に返ってくることも実感しました。純粋に「喜んでもらいたい」「役に立ちたい」という気持ちが毎日店頭に立つ私へのパワーをくれました。今思えば、そのお客様は全てをわかっていて、私を温かく包んでくれたのかもしれないと思います。何も言わず、笑顔でたくさんの商品を買ってくださいました。私は、そのお陰で成長できたのです。

両親や応援してくれた人達、そして、支えてくれた仲間に何かできるとしたら、何かお返しできることがあるとしたら。それは、やっぱり自分が成長していく姿を見てもらうことかもしれません。自分が輝くことが、大切な人にしてあげられる最高の恩返しです。

Point

余白を取り戻すマインドケア

精一杯やることは大切な人への恩返し

一流のものに触れる

Mind Care 42

「足りない」感覚を卒業できる

私はハイブランドショップで働いていたことで、たくさんの心の財産をいただいたと思っています。それは、毎日、一流のものをこの目で見て、この手で触っていられたからです。バッグにほどこされた、一流のステッチや刺繡、上質な革の手触りなど、本物に囲まれた日々は、上質なものの豊かさを感じることができました。

一流のお客様の「もの選び」のお手伝いをする中で、お客様は決して

「高いから良い」という理由で選んでいるわけではないことに気づきました。ブランド品を選ぶ理由は、素晴らしい技術のある職人さんが時間をかけて、ひとつひとつ丁寧に作っていることに敬意を払い、ブランドの伝統も含め、そこに価値を見出しているからです。技術と時間に見合うお金を支払っているのです。

ひとつのバッグが出来上がるまで、多くの熟練した職人さんたちの手を経ています。ひとつひとつの工程を人の手で丁寧に時間をかけてつくられたものには、こんなにもパワーとオーラがあるのかと驚かされます。

そして、お客様はブランドの歴史や背景までも理解し、デザイナーのライフスタイルや生き方に共感し、ブランド自体を応援してくれていました。一流のお客様は、ものの価値をわかっていらっしゃるからこそ、ものを大切にし、慈しみ、メンテナンスをしながら、長年愛用されているのです。

近年は、ものとの関係だけでなく、人間関係や仕事でさえ、コスパやタイパが悪いことは早い段階でリセットし、自らゲームオーバーにすることが多いように感じます。

特に都会では、人もモノも溢れていて、「スペアはたくさんあるのではないか」と思ってしまいがちです。何かを簡単に捨てても、問題なく次のものがたくさん用意されているような錯覚に陥ります。ですが、それでは消費するだけで結局いつまでたっても本当の豊かさや満足を感じることができないのではないでしょうか。

上質で長く使えるもの、修復してでも持ちたいものだけを持つことで、モノや人との関係も変わってきます。

「ミニマムリッチ」とは、「上質なものを少しだけ」という意味です。

多くを持つ必要はありません。

長く愛することのできる、自分にぴったりな「相棒」を見つけ、よい関係を築くことが、仕事も人間関係も豊かにしていきます。

自分にパワーをくれるものとエネルギー交換していく感覚です。

自分が心豊かになれるものを見つけると、人生で本当に必要なことが見えてきます。

Point

余白を取り戻すマインドケア

上質なものを少しだけ持ち心豊かな人生を

Part 7

人生を育てる

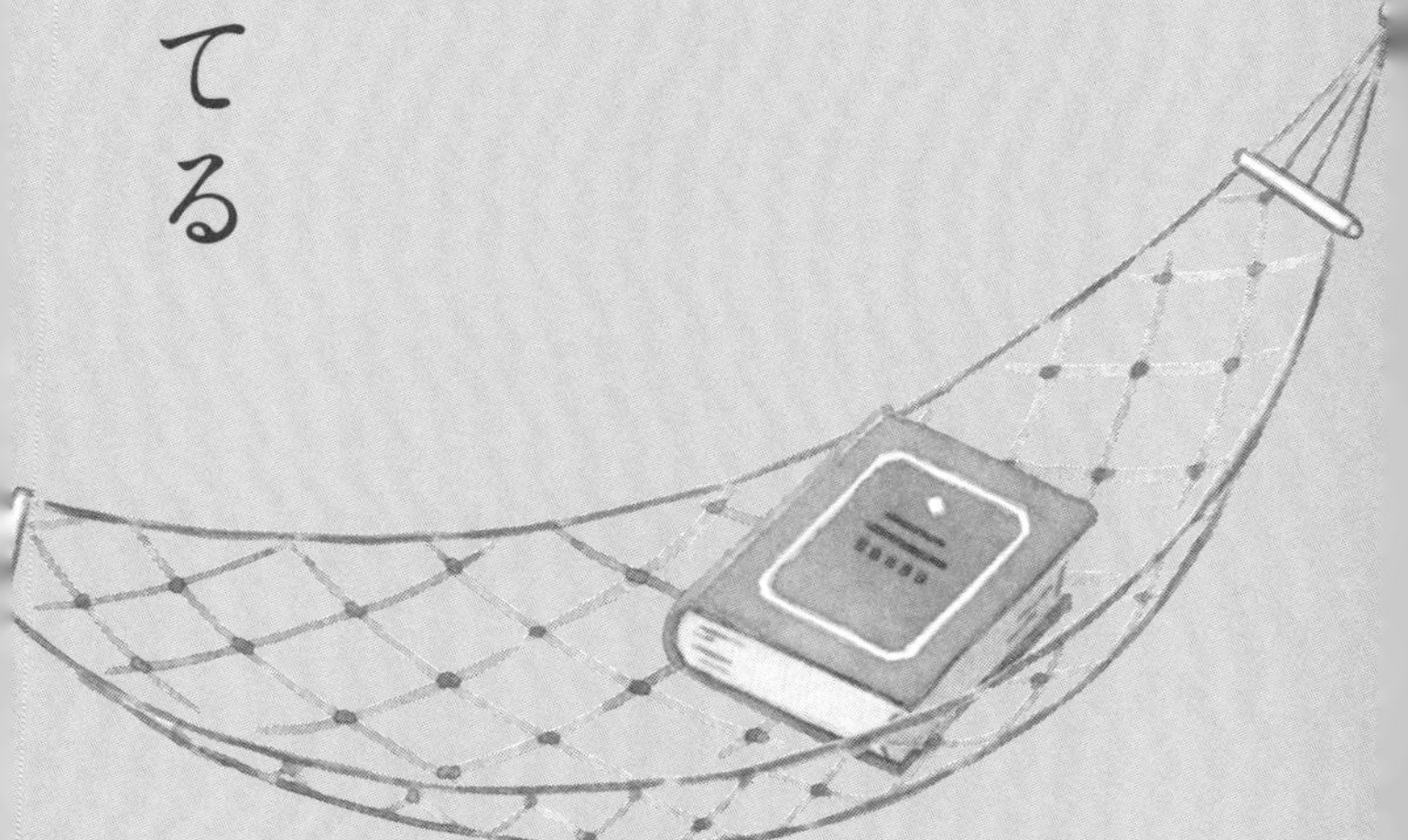

尊敬する人に会いに行く

Mind Care 43

自分の方向が正しいかわかる

あなたにとって尊敬できる人とは、どんな人ですか？

私には尊敬するふたりの女性がいます。ひとりは女医さんで、プロとしての知識や経験値に全幅の信頼を寄せているだけでなく、人間的にも尊敬しています。いつお会いしても人を包み込むような笑顔で、使う言葉が優しさに満ちているので、話をしているだけで心が洗われます。特に悩みがなくても、話しているだけで心の部屋を掃除してもらったように思えるのです。また、YES／NOをはっきり言ってくれるので、安心して相談できますし、医師としても、女性としても「凛とした生き方」を貫いている素敵な方です。

もうひとりは、女性起業家として成功したビジネスウーマンですが、家事・育児と社長業を両立しながらも、いつも柔らかな佇まいで、10年以上、常に新しいことに挑戦し続ける姿勢を尊敬しています。私が仕事でご迷惑をかけてしまったことがあって、謝罪に出向いたときのことです。彼女は、ひとことも責めずに笑顔で迎え、そして笑顔で送り出してくれました。そのときの笑顔は本当に心に染みました。トラブルがあったとき、人柄が見えるのだと思いました。

おふたりとも、これまで紆余曲折でいろんなことがあったと思いますが、暗い顔をされているのは見たことがありません。包容力と知性に溢れて、いつも同じテンション、いつも同じ笑顔です。定期的に尊敬する人と会うことは、自分が今どんな状態かも自ずと見えてくる、心の定期健診だと思っています。

また、身近な人でなくても、気になっている人の講演などに出かけるのもいいですね。自分が携わっている業界の第一人者や憧れの人、今、旬の人などの雰囲気や表情を見るだけでいい刺激になります。

実際に講演会などでそういった方のお話を伺うと、その方の人生でターニングポイントになった出来事が必ずあるように思います。それは、あまりよくない出来事だったりするのですが、そんなときにも行動し続けているからこそ、助けてくれるキーマンが現れたり、ジャンプアップできるチャンスへと導かれていることがわかります。

これは偉人の伝記などを読んでみても同じで、大発見や大仕事を達成するより前に、必ずブレイクするきっかけになった出来事があります。それを読み解くと、とても感慨深いものがあり、悩みを解決するヒントをもらえます。事業で大成功していらっしゃるお客様も「夜明け前が一番暗いってほんとね」とおっしゃいました。人生で一番暗い時間が一番明るい朝を迎える前の準備期間だったと。

強運な人は強運な人に引き寄せられていきますから、幸せになりたいと思ったら、幸せな人の側にいること。成功したいと思ったら、成功している人の側にいることです。尊敬する人には、遠くても、お金と時間とエネルギーを使ってでも、わざわざ会いに行きましょう。遠くから会いに行くと喜んでもらえます。時間とお金とエネルギーを使っても、あまりあるほどのものを受けとることができるはずです。

Point

余白を取り戻すマインドケア

人生の夜の時間が人柄をつくる

暮らしに余白をつくる

Mind Care 44

目いっぱい詰め込まないこと

スケジュールもクローゼットも冷蔵庫さえも、少しのすき間があると詰め込んでしまいがちです。食品を詰め込んで目いっぱいになった冷蔵庫は、適温で冷やすことができにくくなり、使いたいものも取り出しづらく、何が入っているのかも忘れてしまい、いつのまにか食品の賞味期限が切れていたりします。

あなたにも同じような経験があるのではないでしょうか。

新鮮なものを、賞味期限内に美味しくいただくには、詰め込まないことが大切だといつも思います。そのためには、お徳用サイズではなく「使い切りサイズを買う」「安いからと多めに買ってストックしておかない」ことを心がけます。

同じように、目いっぱい詰め込んだ心は、いろんなものを腐らせる原因となります。ぎゅっと固まっていて、人を寄せつけません。これ以上、もう抱えたくないと、すべてを遮断したくなるからです。そんな状態では、心は膠《こう》着し、疲弊し、濁っていきます。他者を許せなかったり、攻撃したりしたくなるときは、心に余白がないときです。

私自身も心に余白がないなと気づくとき、たいてい、上半身が固まっています。首や肩がどーんと重くて、背中も鉄板のようになっています。

そんなときはまず、上半身を柔らかくしましょう。

少しのすき間時間で体操をします。両手を肩の高さと平行になるように上げ、腰を前後左右にゆっくりとゆらしていきます。これを3分くらい続けるだけで上半身がほぐれていきます。

上半身が軽くて、下半身は安定している状態が理想です。エネルギーがおへその下の丹田に集まってくるような感覚です。丹田の温かい、優しいオーラが、しっかりとした土台や軸をつくってくれます。この感覚が持てるときは、心に余白があるなと感じるときです。心と体は繫がっていて、柔らかい心は柔らかな体からつくられるのだなと改めて感じます。

また、日々を過ごす部屋に余白を持たせる——片づけておくということも同じように大事だと思います。私は、お客様の邸宅の30畳の広いリビングに招き入れられたとき、どことなく自分の言動がゆったりとしていることに気づきました。お客様に、「お部屋をきれいに片づけるコツはありますか?」と伺ったところ、「自分らしくないものは、すべて捨てること」と教えてくださいました。確かに、幸せそうな人に「その人らしくないもの」は似合いません。

心に余白を持てると、ゆったりとまわりを見ることができるようになります。そうすれば、人のよいところも見えてきますし、思いやる気持ちや感謝の気持ちも生まれます。日々、「少しの余白を」と意識することで、いろんなことがよい方向へと導かれていくのではないでしょうか。

Point

余白を取り戻すマインドケア

「自分らしくないもの」を手放す

しなやかに生きる儀式を持つ

Mind Care 45

私が再生できる、小さな試み

「モーニングルーティン」という言葉をよく耳にするようになりました。あなたの心がととのうルーティンや自分だけの儀式はありますか？

わたしは、ヨガのレッスンで教わった、マインドフルネスの儀式を大切にしています。

「マインドフルネス」とは、未来への不安、過去への失敗の反省などは置いておき、今のあるがままの状態に意識を集中させて、自分の体と心を五感を使って内省していく心のあり方やその儀式です。

マインドフルネスは、グーグルやメタ、インテル、マッキンゼーといった世界的な企業が取り入れていることで有名になりましたのでご存知の方も多いと思います。

私たちは、日頃、一日に処理すべき情報量が増え、なかなか心休まる時間が持てず、仕事が終わったとしても、頭の中ではあれこれと考えすぎている状態です。こういう状態では、本当のことが見えなくなったり、ネガティブな気持ちになったりしがちで、やるべきことに集中できなくなります。マインドフルネスでは、この混乱した状態を、瞑想を使ってすっきりさせるのです。

やり方はいろいろありますが、私が通っているヨガのレッスンではまず姿勢を正して、自分の呼吸に意識を向けます。そして、ボディスキャンといって、「額、こめかみ、眉、目、頬、耳、鼻、口、顎、首……」と、上から順番に足の裏まで、体の各部位、ひとつひとつのパーツに神経を集中させ、移動していきます。

これを寝る前にやると、とても効果的です。自分の体に感謝しながら、「お疲れさま」という気持ちを込めると自分の体が愛しくなります。この儀式との出会いは、自分自身のことを大切にする大きなきっかけになりました。

また、私がマインドフルネスを実践していく中で出会った言葉で、大切にしている言葉があります。それは、「セルフコンパッション＝自分に対しての思いやり」です。小さい頃、「他者への思いやりの心を持ちましょう」と教えられてきましたが、「自分への思いやり」は、日々忘れてしまっていたかもしれない、ということに気づかせてくれました。

自分への思いやりを忘れずにいれば心が温まり、他者への思いやりも忘れずにいられます。

私にはこのボディスキャンという儀式が合っていると思いますが、他にもいろいろなやり方があるそうです。5～10分、ただ頭の中に浮かんだことをひたすら書き出して脳の中を洗浄するやり方、他には、音のない状態で30分~1時間くらいかけて集中して食事をし、食材の味、触感、色、匂いなどを味わいながら、五感を使う「食」の儀式です。もちろん、その人その人オリジナルの儀式があります。あるお客様は、塩サウナで全身マッサージをすることが儀式だとおっしゃっていましたし、またあるお客様は定期的に「断食道場」に通うことが儀式だそうです。

こういった儀式は自分を再生してくれます。

変化が大きく、混沌とした今の時代。時代の波をうまく泳いでいくためにも、それぞれの「自分だけの儀式」で、再生できるしなやかさを手に入れたいですね。

Point

余白を取り戻すマインドケア

「傷つかない強さ」より「再生するしなやかさ」

本の世界に旅する

Mind Care 46

手のひらに収まる、奥深い空間

動画の時代になり、活字離れが加速しました。自分から活字を追っていく、本を読む時間は受け身ではなく主体的になれると思うのは私だけでしょうか？　私にとって、本を読むことは小旅行。知らない世界を知るきっかけになったり、想像の世界で自由になれたり、実際には会うことができない有名企業の社長さんや、歴史に名を遺す偉人の言葉に触れることができるので、大きな刺激になります。

自分ひとりの経験値は限られていますが、本を読むことで、筆者の長年の知識や経験を共有できるのは本の世界に旅する醍醐《だいごみ》味です。こんなに素晴らしいショートトリップはありません。

旅に出かける素晴らしさは、行く前の自分と、行った後の自分が、少し変化していることです。

私は読書も同じだと感じています。

本を読む前と読んだ後の自分では、確実に何かが変わっているのです。知的好奇心があふれているお客様ほど読書量が多く、新幹線や機内で読む小説は旅に厚みと深みを与えてくれるとおっしゃいました。

私は、書店でぶらぶらと本を探す時間も好きです。悩んでいるとき、落ち込んでいるときは、インスピレーションで気になるタイトルを手に取ると、中に悩みを解決するヒントがあったり、励ましてくれる言葉を見つけたりすることができます。書店には、人生を変えるきっかけになるチャンスがたくさんあるような気がして、いつ行ってもワクワクします。「そうだったのか」と、目から鱗の状態で何度も読み返した本や、思ってもみなかった視点に刺激を受けてこれからの方向性を見出すことができたようなバイブルは、どなたにもあるのではないでしょうか。

本で知ったことを実際に試してみたり、実際に経験したことの意味を本で確信したり、このインプットとアウトプットがバランスよく行われていると、相乗効果でよりぐんと成長できるような気がします。

私の理想の一日は、好きな本や気になった本をすべて大人買いして、森か海辺のハンモックでビールを飲みながら、一日中、読みふけることです。実際に旅をしなくとも、本の中では時空を超えて、果てしなく遠くまで行くことができるのです。

読書は、たった1000円で行ける、刺激的な旅です。

Point

余白を取り戻すマインドケア

本を読んで多くの旅を楽しむ

Mind Care 46

夢が叶ったときを想像する

Mind Care 47

事細かに、最高の一日を描く

私は一時期、「夢ノート」を作って、そこに自分の夢や妄想を書き連ねていました。

書くことで「怠けられない」という意識が働くだけでなく、脳にもはっきりと夢を実現する光景がインプットされるのだと強く感じていたからです。

きっかけになったこんな出来事がありました。

キャリアカウンセリングの勉強をしていたとき、「私の最高の一日」を妄想して、ノートに書き出す、というワークに取り組みました。

その「私の最高の一日」で、私は小説家になって、高台の家の書斎から海を眺めていました。窓側の書斎で、キラキラした海を見ながら、執筆している夢が叶っていたのです。

家の前には、憧れていた一台の車が停まっていて、それに乗って午後からは講演会に登壇する予定があり、クローゼットからお気に入りの服とバッグ、靴を選んでいます。この映像は、今でも鮮明に思い出すことができます。家の壁の模様や車の色、机の上の万年筆、窓から見えた船の行き交う景色まで鮮明に覚えています。

いつか、きっとあの家に住んで、あの景色を見るのかなと今でも思っています。なぜなら、今、「書く仕事」を現実にしているのですが、あの頃の私にとっては、それは妄想であり夢だったからです。

実際、昔の「夢ノート」を読み返してみると、ほとんど予言のように、今のことが書かれています。旧友に会うと、「あなたの言っていた通りになったね」と言われます。「夢ノート」による夢の実現を繰り返していると、「人が心の奥底で強く願っていることは願った通りになるんだ」と思うようになりました。

販売員をしていた頃から、「本を出したい」という夢はありましたが、書店に並んでいる本は有名人や先生と言われる方のものばかり。当時の私には、夢のまた夢でした。

しかし、そんな折に父が亡くなり、作家になりたかった父のためにも、私が夢を叶えたいと遺影を眺めながら、心の底で強く思ったのです。その当時、書店に出かけては、自分の本が並ぶであろう棚を強い思いでじっと見ていました。「夢ノート」のことを思い出し、「ここに、私の本が並ぶんだ」と、はっきりとイメージしたのです。その日の書店からの帰り道、恵比寿の駅ビルのエスカレーターで、憧れの作家である林真理子さんとすれ違ったことは今思い出しても鳥肌が立ちます。そのとき、

「あぁ、この夢はきっと現実になるということなんだ」とわかりました。

少し、興味を持っていただけたでしょうか？

今となっては私にとって「夢ノート」は「未来日記」のような存在です。しっかりと映像でイメージできたものは一枚の写真のように脳にインプットされていきます。

脳は、今、描いていることが過去なのか、今なのか、果たして未来なのかは、決められないと聞いたことがあります。確かに、今、目の前に大きな梅干しがあると想像するだけで、酸っぱい唾液が湧いてきますよね。現実に起こっているわけではないのに、想像しただけで、脳も体も反応するのです。それなら、同じように夢のような最高の一日を書き出して、脳に「これは現実のことだ」と勘違いしてもらうのもひとつの方法です。

人は、夢を持ちながらも「たぶん無理だろう」「でも難しいかもしれない」と、心のどこかで思いがちです。顕在意識では、どんなに叶えたいと思っていても、潜在意識が邪魔をするのです。言うならば、アクセルを踏みながら、ブレーキを踏んでいる状態です。この潜在意識まで、一点の曇りもなく夢が叶うとイメージできるまで、「夢ノート」を書き続けて、夢を見続ける心を深く、強く鍛え上げていくことが大事だと思います。私が出会ったお客様も「自分のことを信じ続けることが大事」だとおっしゃいました。静かな自信にあふれた方でした。

今でも「夢ノート」を見返すと、思わずニヤニヤしてしまうくらい、心からハッピーになります。笑みがこぼれるくらい幸せな私がそこにいるからです。そのハッピーオーラに共鳴して夢は現実となって、ある日必ず、どーんとやってきます。あなたが、心の底から「そうなると決めた」ことなら、必ず思った通りになるのです。そのためには、自分が一番に自分のことを認め、応援してあげましょう。私らしさがわかっているのは、私しかいません。

もっともっと自分を好きになり、心の奥底の部分までも完全に自分を信じ切れる状態になること。それが、夢の実現への近道です。
スマートフォンのメモ機能を活用することが多くなり、「紙離れ」の時代になりましたが、夢の実現には「紙」は「神」だと思えたりするのです。

Point

余白を取り戻すマインドケア

夢を叶えた自分が見えるまで未来日記を書く

Mind Care 47

ライフワークを育てる

Mind Care 48

自分を愛すると未来は開ける

人生100年時代と言われる昨今、「どんな生き方をすれば、歳を重ねても輝き続けられるのだろう」という問いは、キャリアカウンセリングの現場でも多く聞かれます。

人生のピークを、もう一度、60歳を過ぎてからも迎えられるようなキャリアの構築が求められるようになってきました。

「もう若くないな」と感じてからの人生のほうが長いのです。そんなとき、一本のドキュメンタリー映画に出会いました。

フジコ・ヘミングという魂のピアニストと呼ばれる女性をご存じでしょうか？

90歳を過ぎても精力的に世界を飛び回り演奏を行い、世界中から拍手喝采を浴びていた女性です。

２０１８年、そんな彼女の映画『フジコ・ヘミングの時間』が公開され、足を運んだ私は、その大盛況ぶりに目を見張りました。

銀座の映画館は平日にもかかわらず満席。ほぼ40代以上と思われる女性ばかりでした。

ピアニストとしての才能はもちろんですが、60歳を過ぎてから大きな注目を浴びたこと、80歳を超えてもなお活躍し続けた生き様が、人生の後半戦を生きる女性達を惹きつけるのでしょう。

映画の中で印象的だったのは、自分のスタイルを貫く美意識が詰まった自宅です。パリ、東京、ベルリン、サンタモニカと、どこの自宅も揺るぎない美意識で満たされていました。真摯にピアノに向かう時間、愛する犬や猫たちとの時間は、美しく、優しく流れていて、古きよきものに囲まれた空間で過ごす日常こそ、あの素晴らしい音色を奏でるベースだと感じました。

冒頭、「人生は、時間をかけて私を愛する旅」というキャッチコピーがスクリーンに大きく映し出されます。この言葉は、胸に刺さりました。この本で私が伝えたかったことのひとつだと感じました。

人生が自分を愛するための旅ならば、自分の好きな景色だけを貪欲に見ていたいと思ったのです。歳を重ねるたびに、自分のすべてを愛して歩いていけるようになりたいと思いました。

フジコ・ヘミング氏は、聴力を失ったり、時代の波に翻弄されたりしながらも宿命を恨むことなく、どんなことがあっても、自分らしくいることをやめなかった生き方が運命を変え、未来をつくったのだと映画を観て思いました。自分のスタイルを持つことは、いつか時代の針が回ってくると信じることです。

そんな姿を見て、何人かの輝くお客様の生き方を思い出しました。

定年間近になり、部長職を捨ててヨガインストラクターと野菜ソムリエの資格を取ったあるお客様は、自宅でヨガと料理の教室を開いています。

きっかけは、ある朝、全く起き上がることができず、ベッドの中で、もうやりきったと感じたことだそうです。スピードとパワーが必須な第一線に限界を感じたと話していました。

「スピードとパワーより、マイペース。世間体を捨てたら、本当にラク。今はプレッシャーとは無縁の生活」だと言って笑っていました。

この生活ができるのも、ヨガや料理といった好きなことを続けていたこと、貯金や資産運用をしていたこと、健康に気をつけていたことでしょう。

若い頃とは、優先順位も変わるのです。

健康、やりがい、お金の3つは旅の最後まで必要だと思いますが、一番は健康であることです。そして、捨てていくものは、世間体や過剰な自尊心など、余計な荷物です。下り道は身軽でないとケガをします。

年を重ねてさらに輝いているお客様は、人間関係もフラットなコミュニケーションを大切にしていて、好きなことを好きな仲間と楽しんでいる印象です。前述の3つに4つめを加えるとしたら「つながり」です。

旅行好きが高じて、海外での体験ツアーを企画・運営している方。

友人の劇団の裏方を手伝っているうちに、小さい頃からの夢だった女優デビューをした方。

手先の器用さを活かして、インターネットでオリジナルアクセサリーを販売している方。

皆、最初は友人や知人からの依頼から始まり、ライフワークを見つけていったのです。

ライフワークとは、「死ぬまで続けたいこと」と思っていましたが、あるコーチから、「死んでからもやりたいくらい好きなことよ」と言われて、深いなと思いました。

それくらいの気持ちがあれば途中では止めないし、長く続けているうちに、「教えて」とか「買いたい」という人が増えていって、やがて大きな輪になっていくのだと感じたのです。

誰しも個性があり、好きなことも、得意なことも、人それぞれです。

第一線でなくていい。第五線、第六線あたりでいいから、長く続けられることを楽しみながらやっていくことが大切ではないでしょうか。未来は自分の個性を愛し、自分らしさを全開にして生きることでキラキラと輝くのです。


2024年4月、フジコ・ヘミング氏は「自分を愛する旅」を終えま

した。最後まで「唯一無二のピアニスト」であり続けた旅。NHKスペシャル「魂のピアニスト、逝く」の中で、「完成なんて人間にはありえないですよね。どんな人もどんな芸術家も」と言って終えた生涯。いくつになっても完成なんてないから、生涯、諦めず旅を続けた。旅の途中で見る景色を心に刻みながら、最後まで魂の演奏を通して生き様を見せてくれました。肉体は失われても、美しく生きる人の魂は永遠です。

Point

余白を取り戻すマインドケア

「本当の自分」を大切にする

おわりに

明日は明日の風が吹く。Tomorrow is another day.

本書の初版は2018年、あれからコロナ禍を経て、令和の時代はダイナミックに変わっていきました。

デジタル化が進み、リモートが当たり前になり、気候変動は大きく、自然災害も大きな脅威になり被害が相次ぎました。また、ものの値段はどんどん上がり続けていて、急速な変化に体も心もついていけなくなっている方は多いのではないでしょうか。

こんな急速な変化の時代に、私たちは常に自分が心地よく過ごせる安心で安全な暮らしをするために、何を選び、何を手放すのかが問われています。

そんなタイミングで、本書が文庫本となって新たに世に送り出されることに、意義を感じています。

自分の体と心を守るのは、いつもの自分です。いつもの自分をいつもと同じように日々ととのえていけば、時代の風に煽られることなく、しなやかに立っていられるのではないでしょうか。

変わっていったものがある一方で、変わらないものは、自分の中に確かにあるのです。あなたは、何を心地よいと感じていますか？　いつもの日常をご機嫌にしてくれるのはどんなことでしょうか？

運にも人にもお金にも愛されていたお客様の心と体のセルフケアは、普遍のメソッドです。

どんなときも謙虚で人に優しく、美しいものを愛し、暮らしに小さな工夫を加えることで、自分の「ご機嫌スイッチ」を押し続けていた方たち。

どんなに時代が変わっても、食べて寝て、掃除をしてと、日々の生きる活動（生活）は続いていきます。この生きる活動が年を重ねると億劫になったり、怠けたくなったりします。

だからこそ、心がざわざわしたら、基本となる衣食住をより丁寧に。「よしっ」と立ち上がって行う日々のメンテナンスこそが、美しく心豊かな未来へと導いてくれます。

今日がどんな一日だったとしても、明日は、また新しい顔でやってきてくれます。

不朽の名作映画『風と共に去りぬ』の中の最後のセリフ、スカーレット・オハラは、絶望の中で、こう言いました。

明日は明日の風が吹く。Tomorrow is another day.

この本を手に取ってくださったあなたの新しい明日が、どうか生まれ変われるような素敵な一日でありますように。感謝を込めて。
前作から引き続き、本書を文庫版として生まれ変わらせてくださった大和書房の油利様、あたたかで素敵なイラストを描いてくださったくぼいともこ様、洗練されたデザインをしてくださった吉村亮様、大橋千恵様、本書に携わっていただきました皆様に心から感謝を申し上げます。

２０２５年　２月吉日

横田真由子

※本作品は小社より２０１８年９月に刊行された『美しく生きる人は毎日生まれ変わる』を改題、加筆修正し、再編集して文庫化したものです。

横田真由子（よこた・まゆこ）

ミニマムリッチ®コンサルタント、オフィスファーレ代表。

株式会社ケリングジャパン（旧GUCCI JAPAN）の販売スタッフとして、著名人やVIP顧客の接客に従事する。VIP顧客の物選びに女性としての優雅な生き方を学び、独自の「大人エレガンス」を実践する契機となる。2004年、英語の「DO」と同義語のイタリア語「fare」を屋号に、「オフィスファーレ」を設立。ものをただ使い捨てるのではなく、選んだものを大切に手入れしながら愛し抜く姿勢に真の豊かさを感じ、「上質なものを少しだけ持つ人生」＝「ミニマムリッチ®ライフ」を提唱し、セミナー、講演、執筆活動を行う。

著書に『大人女子の小さなマナー帖』『大人女子のやわらかな話し方帖』（ともにだいわ文庫）、『本当に必要なものはすべて「小さなバッグ」が教えてくれる』（クロスメディア・パブリッシング）ほか多数。

オフィシャルサイト
https://minimum-rich.com/

だいわ文庫

一流《いちりゅう》のお客様《きゃくさま》に学《まな》んだマインドケア
大人女子《おとなじょし》の感情《かんじょう》ととのえ帖《ちょう》

著者 横田真由子《よこたまゆこ》

二〇二五年四月一五日第一刷発行

発行者 佐藤靖
発行所 大和《だいわ》書房
東京都文京区関口一―三三―四 〒一一二―〇〇一四
電話 〇三―三二〇三―四五一一

フォーマットデザイン 鈴木成一デザイン室
本文デザイン 吉村亮、大橋千恵（Yoshi-des.）
本文イラスト くぼいともこ
校正 円水社
本文印刷 信毎書籍印刷 カバー印刷 山一印刷
製本 ナショナル製本

ISBN978-4-479-32125-5
乱丁本・落丁本はお取り替えいたします。
https://www.daiwashobo.co.jp